ライフスタイル
から考える

理想のマイホーム選び

椡澤和樹 BUNAZAWA KAZUKI

幻冬舎MC

ライフスタイルから考える

理想のマイホーム選び

はじめに

マイホームを購入する――それは人生のなかでも大きな決断の一つです。

家賃を払い続けることがもったいないと感じて、いっそのこと資産となるマイホームを買おうと考える人、あるいは結婚して子どもが生まれ、これまで過ごしてきたアパートが狭く感じられるようになったという人、子どもの声や足音などの生活音が隣近所の苦情につながるのではないかと心配になった人など、購入動機は人それぞれです。しかし、いざマイホームを購入しようと決意して物件を探し始めても、自分の希望する条件に合うものになかなか出会えず、理想を求め続けるばかりでいつまで経っても物件を決められない「住宅迷子」に陥ってしまう人は少なくありません。

「住宅迷子」に陥ってしまう原因は、理想が大きく膨らむことで、あれもこれもと条件をつけ過ぎて、何がいちばん大切なのか、優先すべきなのかが分からなくなることにあります。良さそうに思える物件はたくさん候補に挙がるものの、現実的にどれを買うといいのかを判断することができないのです。多くの情報をもつ専門家である不動産会社やハウスメーカーに頼るにしても、自分たちの都合に合わせて、購入者の意向に必ずしも沿わない物件を売り込んでくる可能性もありますから、すべてをうのみにせず本当に信頼できる情報かどうかを見極めなければなりません。そのためますます購入を躊躇するという状況に陥ってしまうのです。

マイホーム選びで最も大切なのは、ライフスタイルに合わせて考えるということです。ネットやテレビなどの外部の情報だけで漠然と思い浮かべた「理想」ではなく、仕事、子どもの教育、趣味など、一つひとつ具体的に、自分たちが何を大切にしたいのか、どんな暮らしをしたいのかを明確にイメージする必要があります。そのうえで家計の収支を過不足なく把握し、適切な資金計画を立てることで無理のない満足のいくマイホーム購入ができるのです。

私の経営する会社は、不動産と建築の知識を兼ね備えた家づくりのプロフェッショナルとして、土地、中古戸建て、中古マンションなどをご紹介する不動産売買仲介をはじめ、自社施工での新築分譲住宅、注文住宅、リフォーム・リノベーションなど、幅広い選択肢のなかから最適なマイホーム選びをワンストップでサポートする不動産会社です。

私たちは、マイホームの購入を検討しながらも正しい家の探し方が分からずなかなか購入に踏み切れない人たちに対し、正直に情報を伝えることを使命として、これまで1万件以上の家族のマイホーム購入を実現させてきました。

この本は、マイホーム購入を検討している人に向けて、マイホーム選びの基礎知識を盛り込んだ入門書です。ライフスタイルから考える物件選びのポイント、無理のない資金計画の立て方、信頼できる不動産会社の選び方などを分かりやすく解説しています。この本を読んで、一人でも多くの人が満足するマイホームを購入し、自分たちらしい、快適な生活を送るきっかけになれば、著者としてこれ以上の喜びはありません。

目次

第2章

新築、中古、マンション、戸建て……
ライフスタイルから考える物件選び

第3章

理想のマイホームを手に入れるために――信頼できるパートナーを見極める

第4章

家計の収支をきちんと把握し、適切な住宅ローンを組む
マイホーム購入のための資金計画

第5章

ライフスタイルに合った家選びで理想のマイホームを手に入れた家族

第1章

家が狭い、
周りの生活音が気になる、
家賃がもったいない……

賃貸に不満を感じたときが
マイホーム購入のタイミング

今の住まいに不満があるなら、マイホームを検討しよう

マイホームは一生で一度の大きな買い物である、とよくいわれます。購入することを決めたら、どのような所に、どのような家を、新築か中古か、マンションか戸建てかなどについて家族で理想を話しながら選択していく人が多いと思います。一方で、マイホームにまったく関心がなく、一生賃貸住宅がいいという人もいます。マイホームより車にお金をかけたい、毎年海外旅行に行きたい、あるいは子どもの教育資金のほうが優先という人もいます。

家を所有するか賃貸か、マイホーム選びに対する価値観は十人十色なので選択に正解はないと思います。

不動産の売買をしている私が言うのも変かもしれませんが、個人的には賃貸住宅を否定するつもりはまったくありません。マイホーム購入だけが人生のすべてではありませんし、今の予算で厳しいのなら無理して買わないほうがいい場合もあります。自分自身が家族とどんな暮らしをしたいのかを考えたうえで選択すれば良いのではないかと思います。

しかし、ライフスタイルの変化に伴い、賃貸住宅が住みにくくなった、子どもに資産を残したい、老後の暮らしに不安がある……そう思うなら、マイホーム購入を私は勧めます。

そもそも賃貸住宅は他人の持ちものです。家賃を払い続けても永遠に自分の資産にはなりません。子どもが成長して手狭になったからといって、勝手にリフォームすることは許されません。一方でマイホームなら自分の持ちものつまり資産になるので、将来子孫に財産として残すこともできます。

また、同じ賃貸住宅に住み続ければ更新料もかかります。定年退職後に年金だけで生活費と光熱費に加え家賃を払い続けるのは大きな負担になります。マイホームならローンがなくなれば家賃相当の支出は不要なわけで、生活費の負担軽減にもなります。自分の持ちものなので使い勝手に合わせてリフォームもできますし、注文住宅なら設計段階からデザインや間取り、性能にこだわることができます。

マイホーム購入を考え始めるのは今生活している住まい、例えば賃貸アパートや賃貸マンション、社宅、実家などに対してなんらかの不満を感じていることがきっかけになることが少なくありません。築年数を経た住宅だと狭い、暑い、寒い、音がうるさい、日当たりや風通しが悪い、設備が古くて使いにくい、住環境が良くない……など、さまざまな不満要因が考えられます。こうしたさまざまなストレスをなくして今よりも快適に暮らしたいと思ったとき、多くの人はマイホーム購入を考えだすものだというのが私の実感です。

最新型の賃貸住宅では断熱性や防音性に優れ快適で高品質のタイプも登場していますが、個々の家族構成など実情に合わせて、予算の許す限り自由に間取りやレイアウトを考えた選択が可能になるのはマイホームの大きな利点です。個々のニーズに沿って子育てしやすい間取りにしたい、広々としたＬＤＫでくつろぎたいというように、賃貸住宅では実現できないようなライフスタイルを実現したいのであれば、私はマイホームの購入を勧めます。

よくある賃貸住宅の不満

東京都内のとある不動産仲介会社が２０２２年に、都内在住の30～40代の男女１０００人を対象に今住んでいる賃貸住宅の不満や理由についてアンケートした結果、賃貸住宅に対する不満の１位は家賃が高いことでした。また、家賃がもったいないという不満も多く聞かれました。これまで払った家賃を考えると十分マイホームを購入できていたと思うと

図表１　賃貸住宅に対する不満ランキング

1	家賃が高い・もったいない
2	部屋が狭い
3	収納が少ない
4	隣接した住人の音が気になる
その他	断熱性能が低い 設備が古くて使いにくい ベランダ・バルコニーが少ない 駐車場が少ない

groove agent のアンケート調査を基に作成

きがある、結構な金額が毎月まとまって出ていくのがむなしい、出費が多い月に家賃の支払いは重荷だ、どれだけ家賃を払い続けても自分の持ちものにならないし、お金を捨てているような気がする、という声です。

賃貸は部屋が狭いと指摘する声も多くありました。子どもが大きくなるにつれて衣類や日用品などが増えるし、手狭になるのは当然で、くつろぐ場所、食べる場所、寝る場所を分けにくいのも狭さゆえのことだと思います。キッチンや浴室が狭いのも不満要因になっています。

賃貸住宅の収納が少ないことへの不満も多いです。玄関もリビングもキッチンも収納が少ないので、物が溢れてだんだんストレスが溜まってきます。ベビーカーやゴルフバッグが玄関に収まらず、キャンプ用品やサーフボード、釣り道具などのアウトドアグッズ、雛人形や五月人形などの大型の季節物をどこに収納しようか頭を悩ませがちなものです。

上下階、左右の部屋からの生活音が気になるという声も上がっています。戸建て住宅や分譲マンションに比べて賃貸の集合住宅は壁や床が薄いことが多いので、生活音などが響きやすいのは仕方ありません。室内の音も外に漏れやすいので、ピアノやギターといった楽器を弾けないことが多いのも賃貸住宅のウィークポイントです。

私自身が仕事でよく耳にしたのは、築年数を重ねた従来の賃貸住宅は断熱性能が低いため夏は暑く冬は寒い物件もある、風通しが悪く湿気がこもる、設備が古く使いにくい、ベランダやバルコニーが狭い、駐車スペースが少なくしかも遠いといった声です。

賃貸からマイホームに変えることによるメリット

賃貸からマイホームに変えるといろいろなメリットがあります。

①自分の資産になる

マイホームは住宅ローンの返済が終われば経済的な負担が軽くなります。子どもに資産として残せるのは大きなメリットです。賃貸住宅と違い、将来的に売却することもできます。

②ライフスタイルに合わせやすい

自己所有なので自分たちのライフスタイルに合うよう、注文住宅なら最初からデザインや間取りにこだわることができます。さらにリフォームをすることで、その時々の希望に合わせ、住み心地が良くなるように自由にアップデートすることができます。

図表2　マイホーム購入のメリット

①　自分の資産になる
②　ライフスタイルに合わせやすい
③　性能にこだわることができる
④　災害時により安心な物件を選ぶことができる

著者作成

③性能にこだわることができる

賃貸住宅より一般的に耐久性、断熱・気密性、遮音性が高く、設備仕様もしっかりとしているので、快適に暮らすことができます。性能が高いので、既存の古い賃貸住宅との比較では、面積が広くてもトータルの光熱費が安くなることも十分あり得ます。

④災害時により安心な物件を選ぶことができる

マイホームなら防火性や耐震面の設計も十分で災害対策が取れている住宅やマンションを選んで購入する

ことができますし、注文住宅や分譲住宅の追加工事、リフォーム・リノベーションなどで、設計段階から独自に工夫することもできます。太陽光発電や家庭用蓄電池を搭載したＺＥＨ（ネット・ゼロ・エネルギー・ハウス）あるいは家庭用燃料電池のエネファームを住宅に装備したなら、地震や大雨などで被災して居住地域が停電しても自宅で発電ができるので、数日間は普段どおりの生活ができます。

マイホーム購入、不安もさまざま

マイホーム購入は人生のなかで最大ともいえる大きな買い物だけに、メリットを基に探し始めたはいいものの、実際には不安があり、なかなか踏ん切りがつかないという人も多くいます。まさに「住宅迷子」に陥ってしまう最初の入口です。マイホーム購入に不安を感じる代表的な例を挙げます。

①ローン返済ができるか、将来の不安

マイホームを取得する際には多くの人が35年間など長期の住宅ローンを組むことになり

ます。今の収入で毎月きちんと払い続けていけるか、低金利時代が長く続いているから今が買い時とはいえ、いつ金利が上がるか分からないから不安だと悲観的な考えをする人もいます。

毎月の出費は住宅以外にも食費や光熱費、教育費、交際費、保険などさまざまあり、貯蓄も必要になります。リフォームや家電の買い替え、車検、子どもが結婚することになってまとまった費用援助が必要になったり、突然の入院やケガなど予期せぬ出費に迫られるような突発的な費用が必要になったりする場合もあります。景気の先行きが不透明で、年収アップが見込みづらい今、実際に住宅ローンを組むことに不安になる気持ちも分かります。

教育費は子どもの数によって変わり、塾や習いごとは何をどれだけさせるか、進学先の大学が国公立か私立か、文系か理系か、自宅通いか下宿かによってかかる費用は大きく変わります。

定年後もらえる年金が今後減っていくのは明らかで、老後に必要な資金がいくら必要なのか不安になります。世帯の収支記録を取りまとめて家計の面から国民生活の実態を明らかにした総務省の家計調査年報によると、世帯主が60〜69歳の日常生活費は毎月

29・9万円、70歳以上で23・7万円かかります。老後の20〜30年間で約1300万円から2000万円が不足するという金融庁のワーキンググループの試算をきっかけに「老後2000万円問題」が取りざたされました。実際、平均寿命まで生きるとすると老後を安心して暮らすためには、定年退職後2000万円程度は用意する必要があるといわれているのです。

②生活環境の不安

マイホームを購入するとなると賃貸住宅を解約し、今までとは違う生活環境のなかに身を置くことになります。自らのライフスタイルに合った住みやすい住環境かどうかは住んでみないと分からないこともあります。静かな環境だと思っていたのに交通量が予想以上に多く騒音に悩まされる可能性もあります。

通勤や通学に便利と想定したのに電車が混んだり、道路が渋滞し時間がかかったりすることもあり得ます。

図表3　マイホーム購入に感じる不安

住宅ローン返済 将来の不安	金利の変動、教育費、老後の資金 毎月の出費（食費、光熱費、交際費、保険） 定期的な出費（リフォーム、車検） 突然の出費（冠婚葬祭、突然の入院やケガ）
生活環境の 変化	交通量 近隣の騒音 公共交通機関の混雑
近所トラブル 治安	子どもを通わせる学校の評判 周辺のコミュニティ 隣に住む人の生活音
欠陥住宅	設計ミスや施工不良による基礎や壁のひび割れ、 雨漏り、断熱・気密材の結露の発生、 壁クロスのよじれ、床のきしみ、建物の傾斜、 日当たりや風通しが悪いなど
大規模災害	地震、津波、大雨被害や洪水など 地震保険や火災保険で どこまで補償を受けられるか

著者作成

③近所トラブルや治安などの不安

どんな家でも近所トラブルに巻き込まれる可能性はあります。自ら現地を歩いたり不動産会社に聞いたりして購入前によく調べても、実際に住むと子どもを通わせる学校の評判が良くない、予想以上に治安が悪い、などの問題が判明する場合もあります。

近所付き合いの面でも、賃貸住宅に住んでいたときは同世代で同じ年頃の子どもをもつ親が近くに多かったのに、新しい街も同じようなコミュニティがあるとは限りません。隣に住む人の生活音が気になることもあります。

④欠陥住宅の不安

物件になんらかの欠陥がある可能性を不安に感じて購入に踏み切れない人もいます。欠陥住宅とは建物の基礎・土台・柱・床などの骨組みに関する部分で安全性が欠けている状態で、このほか日当たりや風通しの悪い家も一種の欠陥住宅といえます。設計ミスや施工不良による基礎や壁のひび割れ、雨漏り、断熱・気密材の結露の発生、壁クロスのよじれ、床のきしみ、建物の傾斜などです。簡単な補修で改善できるものではなく、重大な不具合なので住み続けるのは大きな苦痛になります。

⑤大規模災害への不安

自治体のハザードマップや国土地理院発行の活断層図などを自分で調べたうえで地震や津波など、災害のリスクが少ないと予測されるエリアを選んで住んでも、将来ずっと大丈夫という保証は今の日本ではどこにもありません。ここ数年、大地震だけではなく、線状降水帯が発生して過去の記録を大きく上回る大雨被害や洪水も相次いでいます。想定を超える自然災害が全国各地で頻発していることを考えると、マイホーム購入に二の足を踏む人がいて当然です。例えば買おうとした物件の契約直前に、現地が実は昔沼で地盤が緩いと分かったりすれば契約が白紙に戻ることもあり得ます。

大地震で家が倒壊したら、大雨で1階部分が浸水したら、地震保険や火災保険に入っていてもどこまで補償を受けられるかといった不安は常につきまといます。

住宅迷子になる人の共通点

インターネットでたくさんの情報を集められる今、ネットで気に入った物件を見つけ、トントン拍子に話を進めて購入できる人もいますが、いつまで経っても購入を決められない人もいます。私たちの会社に来店する人のなかには、子どものいる若い夫婦でマイホームを考えたいと相談に訪れる人が多くいます。子どもが生まれたときや小学校入学のタイミングでマイホーム購入を考える人も目立ちます。来店した人のなかには、物件を探しても探してもなかなか購入の決断に至らない人が一定数います。また、そもそも来店までのハードルをクリアできずに、自分たちだけであれこれと考え、理想がどうなのか分からなくなってしまう人も少なくありません。そんな人たちがいわゆる「住宅迷子」になってしまうのです。詳しく見てみると、そういった人たちには共通する特徴があります。

①優先順位が決まらない

いくらでも予算がある人は土地の価格も気にせずにぜいたくな豪邸を建てられますが、ほとんどの人は限られた予算のなかで自分たちのライフスタイルに合う物件を購入しなければなりません。そのためには何を優先するか、閑静な住宅地か利便性の良い都会か。新築か中古か、戸建てかマンションか、デザイン重視か性能重視か……優先順位がはっきりと決まらず、自分たちがどんな暮らしをしたいのか、理想があいまいなままマイホーム選びをスタートしてしまいがちです。

②夫婦あるいは家族で優先順位が違う

夫はエリアに関係なく、とにかく予算内で満足する家を建てたいのに対して、妻は子どもの学区を最優先に考えているというような、夫婦間でマイホーム購入の優先順位が異なる場合もなかなか前に進むことができません。妻が希望する小中学校に近い場所は人気があって、土地代が高い傾向にあります。建物にかけられる予算が減ってしまうので、夫の満足度を満たす家にするのは難しくなります。

性能に力を入れているハウスメーカーで建てたい夫と、子育て目線の間取りに定評のある工務店を選びたい妻というように、夫婦でマイホームに対するこだわりや価値観が違う場合もあります。

夫婦と小学生の家族3人で賃貸に住んでいるケースで、子ども自身は転校したくないので賃貸のままでいいと思っていて、妻も子どもが小学校を途中で転校し、友達と離れるのはかわいそうだから現状の賃貸のままでいいと主張し、家を買いたい夫と意見が分かれていたこともあります。その夫はたまたま会社に近いエリアに分譲住宅が販売されているのを知り、すぐに住み替えたいと思いましたが、何日も家族会議を続けるうちに分譲住宅は売れてしまっていた、ということもありました。

③現実を見ず夢見がちな考え

ポータルサイトの物件を見て自分ならこんなマイホームをもちたいとイメージを固める

図表４　住宅迷子になる人の共通点

①優先順位が決まらない

住みたいエリア、新築か中古か、戸建てかマンションか、
デザイン重視か性能重視か

②夫婦あるいは家族で優先順位が違う

予算内で満足する家を建てたい／子どもの学区を最優先したい
性能に強いハウスメーカーで建てたい／
子育て目線の間取りに定評のある工務店を選びたい
会社に近いエリアに住み替えたい／子どもを転校させたくない

③現実を見ず夢見がちな考え

SNS を見ていいとこ取りをしたい
ライフプランに沿った資金計画を立てない

④予算が合わない

無理な住宅ローンを組んだばかりに毎月の生活費が圧迫される
注文住宅以外に分譲住宅、中古住宅、中古マンションという選択肢を
考慮しない

⑤親や友人、知人に意見を聞き過ぎてまとまらなくなる

親や友人、知人の成功談や失敗談を聞き過ぎて収拾がつかなくなる

著者作成

のは大事なことです。インスタグラムなどで好みのデザインや間取りを見て、いいとこ取りをしたくなる気持ちは分かります。

しかし、その前に自分の現状の立ち位置、つまり現実をしっかりと把握することはもっと大切なことです。ライフプランに沿った資金計画も立てず、返済可能な予算を度外視し、とにかく理想だけ

を追い求めて、友人に自慢できるタワーマンションを買いたい、趣味だけを最優先にして郊外の広い土地を買ってガレージとプールのある平屋の住宅を建てたい……などあまりにも現実を考慮しない理想を抱くのは、マイホームを手に入れたあとの暮らしが大事だということを分かっていないからです。

④予算が合わない

マイホームを購入するなら新築の注文住宅じゃないと嫌だという人がいます。結婚式と並ぶ人生の一大イベントなのでマイホーム購入にこだわりをもつ気持ちも分からなくはありませんが、どう考えても予算的に無理な人もいます。

無理な住宅ローンを組んだばかりに毎月の生活費が圧迫され、旅行や外食にも行けず、子どもの塾代も払えずやめさせないといけない、車の買い替えもできなくなっては本末転倒です。注文住宅以外に分譲住宅、中古住宅、中古マンションという選択肢を検討しないために、いつまでも予算とかけ離れた夢物語を追い続けることになります。

⑤親や友人、知人に意見を聞き過ぎてまとまらなくなる

新築した経験のある親や、先にマイホームを購入した友人、知人から話を聞くのはとても良いことです。確かに成功談や失敗談は自分たちの家づくりの参考になります。しかし、あまり人の意見を多く聞き過ぎるとかえって情報が混乱して収拾がつかなくなります。家に対する価値観やライフスタイルは家族や時代によって異なります。他人の家で良かったことが必ずしも自分の家にも合うとは限りません。

理想の物件は今この瞬間にもなくなっている

慎重に判断することはもちろん大切ですが、物件探しに時間をかけたからといって自分たちの暮らしにちょうど合致する物件を購入できるとは限りません。気に入った物件は周囲の人にとってもいい物件に感じられるはずですから、そのような理想の物件はどんどんなくなっていってしまうものです。しかし、少し時間をおけば条件に見合う別の物件が出てくる可能性もあります。縁というかタイミング次第なので、条件が良い物件に巡り合ったなら、決断はなるべく早いほうがいいと思います。

不動産はまさに一点もので、一種の縁であることを理解しておくことが大切です。担当者に「親に相談したいので、1日だけ待ってください」と言って判断を先送りしているうちに、誰かが先に契約してしまうことはありがちな話です。運良く気に入った物件が見つかったのに、「こんなに簡単に物件が見つかるのなら、もっと探せばさらにいい物件が出てくるかもしれない」と購入をためらってしまい、目の前の宝物をみすみす逃してしまう人がいます。残念なことですが、同じ土地、建物に出会うことは二度とありません。「これは！」と思う物件を見つけたらすぐに決断すべきです。ずっとサイトを見ているだけでは何も決まりません。

すべての条件がそろった物件があるのではないかという幻想

誰もが欲しいと思う人気物件はスピーディに決断したいところですが、金額が大きいために踏み出せなかったり、マイホーム購入の基礎知識がないばかりに判断できなかったりする人が多いです。価格が下がるまで待とうと思っても、人気物件は価格が下がる前に売れてしまいます。

立地・建物・価格のすべての条件がベストにそろう物件はまずありません。たとえ理想のエリアで広さが十分な物件があったとしても、手が届かないほど高額かもしれません。駅近の物件は通勤・通学や買い物には便利ですが、土地代が高いので、コンパクトな家になる可能性があります。交通量が多いので騒音も気になります。郊外の物件は大きな家を建てられて、子育て環境にも恵まれている半面、車がないと不便です。このように、どんな物件にも一長一短があり、好条件がそろった完璧な物件はありません。幻想を追うのはやめるべきです。

自分のライフスタイルを踏まえた物件選びをしないと失敗する

購入を決断しても、エリアやデザイン、性能、価格だけで物件を選んでは、満足度の高いマイホームを手に入れることは難しいといえます。家族の生活を大切に考え、住む場所も断熱・気密性能もコストパフォーマンスも確かに大事な要素ですが、なによりも本当に自らのライフスタイルに合う物件かどうかを見極めて選ばないと、こんなはずじゃなかったと一生後悔することになります。

さらに、住みたいエリア、種別（戸建て・マンション・新築・中古）を絞り過ぎてしまうとなかなか予算内でライフスタイルにぴったり合う物件は見つかりません。エリアを広げるか、種別の選択肢を広げないと永遠に物件探しを続けることになるのです。

第2章

新築、中古、
マンション、戸建て……

ライフスタイルから考える物件選び

購入までの具体的なスケジュールを決めることで、夢のマイホームは現実になる

マイホームの検討を始めてから実際に家をもつまでは長い航海をしているようなものです。進めば進むほど後戻りが難しくなるので、購入すると決めたら、新築、中古、戸建て、マンションなど、どういう物件にするかを考える前に、一般的な全体の流れや押さえるべき大切なポイントをしっかり把握して無理のないスケジュールを立てることが重要です。

①かなえたいライフスタイルを考える

家族一人ひとりの要望を書き出し、住みたい家のイメージを固めます。住宅情報誌やSNSなどで情報を集め、モデルハウスや完成見学会に参加するほか、家づくりを経験した知人にも体験談を聞いてみるのもお勧めです。

②パートナー決定

　ある程度情報が集められたら、次にパートナーを探します。自分たちの要望を受け止め、ライフスタイルに合ったマイホーム選びを提案してくれる会社に絞り、気になる物件情報の収集や、場合によっては建築プランや見積りなどを数社から取って比較検討します。マイホーム選びのパートナーには、ハウスメーカー、工務店、設計事務所、不動産会社などがあり、それぞれスケジュールが異なります。例えば、設計事務所は打ち合わせやプランづくりに時間を掛け、施工は外部業者に任せるので完成が遅くなることもあります。一方、不動産売買も設計・施工も自社で担う会社なら時間のロスが少なく意思疎通も図りやすいので、購入検討から実際に住み始めるまでをスムーズに進めることができます。

　もしも住んだあとにリフォームをしたい、売却をしたいとなった場合にも窓口が一つなので、よりスムーズに相談ができるので安心です。

③資金計画

　住宅ローンは毎月の返済可能な額はいくらなのか、ライフプランに沿って資金計画を立てます。銀行で住宅ローンを組めるかどうかの事前審査を受けるほか、両親や祖父母から資金援助を得られるかも早めに確認しておくと良いと思います。

理想のライフスタイルから物件を選ぶ

マイホーム探しの流れを把握できたら、実際に自分たちのライフスタイルに合わせたベストな選択を考えていきます。

例えば子どもがいれば、小学校入学のタイミングでマイホーム購入を考える人も多くいます。購入すれば一つ屋根の下で子どもと一緒に暮らせるのは小学校・中学校・高等学校に通う12年、大学に自宅から通学すれば16年前後にもなります。長いようで短いこの期間でかけがえのない思い出をつくるためにも、子育てしやすい物件を選ぶというのもライフスタイルに合わせた選択の一つです。

周りの環境は重要なポイントです。事故に遭ったり、急病やケガをしたりした場合に備えて、近くに総合病院や医療機関、ドラッグストアがあるところを選ぶと安心です。市役所、郵便局、公民館、図書館などの公共施設、友達と遊べる公園、児童館などが徒歩圏内にあることは子育てに重要です。また、老後の生活を考えた際にも生活しやすい環境であるといえます。

何を大切にしてどんな暮らしをするかでベストな選択は変わってきます。だからこそ「ライフスタイルから考える」ということが、理想のマイホーム選びにとって非常に重要であると私は考えています。

家族構成に合った物件を選ぶ

物件を購入する際は自らの家族構成に合った物件を選びましょう。注意したいのは今だけでなく、将来のライフスタイルまで念頭において選ぶことで、間取りなどを最初から完璧に作り込まずに可能性を残しておくことです。例えば子どもが複数いる場合の部屋は性別や年齢差、教育方針によって一つにしたり、別々にしたりする必要があります。やがて夫婦だけの生活になるときに備えて、リフォームしやすいようにできるだけシンプルな間取りをあらかじめ選んでおくこともポイントです。

図表5　価値観ワークシートの見本

あなたはどれを大切にしますか？

マイホーム探しにおいて、あなたが大切にしていること、大切にしていきたいことを教えてください。下記のなかから大切にしたい5つの言葉を選んでください（〇で囲ってください）。

性能	耐震	駐車台数	施工品質	庭	資産価値
予算	家事動線	設備	家族の意見	前面道路	間取り
エリア	採光	ペット	デザイン	オリジナリティー	オール電化
災害	土地形状	健康	防犯	周辺環境	収納

※空欄はフリースペースです。
ご自由にお使いください。

お選びいただいた5つの順位を教えてください。

大切にしたいことランキング	理由や背景（なぜ、それを大切にしていますか？）
1位	
2位	
3位	
4位	
5位	

【memo】

著者作成

家族の希望条件と合っているか

マイホーム計画で重要なことはバランスです。評価の高い物件がどの家族のライフスタイルにも合うとは限りません。「立地・建物・価格」のバランスを見て、自分たちの理想の暮らしができるかどうか総合的に判断していきます。家族全員の希望をすべて満たすような物件はないので、家族で考えたさまざまな希望のうち7割以上当てはまれば基準をクリアしていると判断します。

マイホームでどんな暮らしをしたいのかを明確にするために、優先順位を整理してみるといいと思います。私の会社では図表5の「価値観ワークシート」を使い、マイホーム探しで家族それぞれが大切にしていること、大切にしていきたいこと、その理由を書いてもらっています。「えっ！　パパはそんなことを思っていたんだ」と家族同士で思わぬ発見があったり、優先順位の共有に役立ったりします。

間取りについて

マイホームを購入する際、比較的重要視されやすいのが間取りです。最近は多くの人がインターネット上のホームページやインスタグラムに出ている施工例などを参考にしています。しかし、どのようにして自分たちのライフスタイルに合う間取りを考えればいいのかと疑問をもつ人もいます。まずは、整理しておくべき3つのポイントをお伝えします。

①今の自分たちの生活を知ろう

夢や理想をあれもこれもかなえたいと思って陥りがちなのが、希望だけを取り入れた間取りを考えてしまい、結果として住みにくい家ができてしまうことです。

自分たちの家族構成とライフスタイルに合った、より良い間取りを実現するためには現在の生活パターンを振り返ってみるといいと思います。朝何時に起きて、何時から弁当作りを始め、朝食が済んだら子どもを保育園に送り……というように、1日のルーティーンを把握し直します。そしてよりスムーズに生活できるのはどんな形かを考えながら快適な生活が実際に送れるようにしていくことが大切です。まず、家族全員分について1日の生活の流れを箇条書きにして書き出してみるのです。そうすることで不便に思っていることや逆にうまくいっていることが見えてきます。

②家族で意見を出し合い、十分に話し合う

家族それぞれの生活スタイルが把握できたら、「不満に感じていること」と「うまくできていること」を家族で話し合い、共有していきます。そのうえで、間取りをよく考えることによって「解決したいこと」「新たに取り入れたいこと」の優先順位をつけます。要望を洗い出して、「絶対に取り入れたい」「取り入れたい」「できれば取り入れたい」「取り入れなくても困らない」などに分類し、それぞれに対して、なぜ取り入れたいのか、具体的な理由を考えてみるのです。

夫は書斎やガレージをぜひ欲しいと思っても、ほかの家族にとっては優先順位が高くないので場合によっては不要となることもあり得ます。家族それぞれでその都度話し合いながら意見をまとめ、どんなことをかなえたいのか、なぜそれが必要なのかを確認しておくことが大切です。

③立地の特徴を知ろう

間取りを考える場合には物件の立地の特徴を知ることも重要です。例えば戸建てを新築する場合は建設予定の土地の高低差や広さによって建てられる大きさは変わりますし、道路の位置や周りの景色、日当たり、風の流れも間取りに影響してきます。立地が間取りを決めるといっても過言ではありません。

一般的には南側に道路があって、たくさん太陽の光が当たって明るい土地が良いといわれます。しかし、その道路に人や車がたくさん行き来し、カーテンも開けられないとしたら理想的な暮らしができる土地とはいえません。

その立地のもつポテンシャルを活かしつつ、自分たちの暮らしのニーズと照らし合わせながら末長く気持ちのいい生活ができる間取りを考えておくことが大切です。

《5つの動線について考える》

間取りを検討するうえで大事なことの一つが、生活のなかで人が部屋から部屋へどう動くかという動線です。例えば、家族が最もよく集まるリビングは、いくら広くて快適に作ったとしても、その空間だけですべての生活が完結するわけではありません。実際には、キッチンで料理しながら洗濯をし、寝ている子どもを起こして食事を食べさせながら、自分の出勤の準備をして……というように朝の1シーンを切り取っただけでもさまざまな動線があります。動線を考える際には、次の5つの動線がポイントとなります。

①家事動線

家事動線とは炊事や洗濯、掃除など、いわゆる家事に関係する動きです。料理するためには買い物をし、その買った食材をしまう場所や、料理後に出たゴミを捨てる場所も必要です。料理しながら洗濯することもあるので、キッチンと洗濯スペースを行き来する動線は大切です。

例えば洗濯にも「洗う・干す・取り込む・たたむ・しまう」など、いくつかのプロセスがあります。1階と2階で離れていると、階段の上り下りをしなくてはいけないので体力を消耗してしまい時間も無駄にします。洗濯機の場所や干す場所、しまう場所が離れていないことが効率良い動きに欠かせません。

②**生活動線**

生活動線とはリビングからトイレや浴室へ、浴室から2階の自室へなど、家事以外の生活のなかでの動き全般を指します。なるべく行き止まりがなく、ぐるぐると回遊しやすい動線が理想的です。

③**来客動線**

来客動線とは家族以外の客が家を訪れた際の動線になります。賃貸住宅は、客を招く機会がさほど多くないので気にならないかもしれませんが、マイホームは人が集まりやすくなります。家族の生活とは切り離した動線があれば来客を気にせずにいつもの生活ができます。例えばリビングと浴室の距離が近過ぎると、入浴したいのに、夫と友人がリビングで酒を呑んでいるので行きにくいといったことも起こります。場合によっては2階に浴室を配置するなどの配慮も必要です。

④**通勤動線**

朝起きて仕事や学校に出かけるまでに使う通路が通勤動線です。時間に追われる朝はいろいろな場所で複数の人の動線が重なることが想定されますので、複数の人が同時に動く際にもなるべくロスが出ないよう空間に余裕をつくりながら調整していく必要があります。動線づくりに失敗すると毎朝ストレスが溜まり、気持ち良く1日のスタートを切れません。

⑤衛生動線

生活動線にも含まれますが、そのなかでも特にトイレや浴室に移動する経路に注目したものが衛生動線です。トイレの配置によっては来客時に自分たちが使いにくい、トイレの音がリビングに聞こえて不快といったケースも考えられます。

また、家族が多く子どもが成長してくると洗面所、脱衣所が混雑するので、空間に余裕をもたせるのはもちろん、鏡をワイドにしたり、２ボウルの洗面台を採用したり、収納を増やすなど使い勝手にも気を配りたいものです。

《収納の考え方》

間取りを考えるうえでもう一つ重要となるのが収納計画です。マイホームを購入した人の多くが失敗した、と後悔するのも収納です。収納が足りなかったという声が圧倒的に多く、逆に収納をたくさん作り過ぎて部屋が狭くなった人もいます。家族によって人数も違えば、洋服や荷物の量も違うのでさまざまな注意点があります。

①用途に合わせた収納スペース

収納には適材適所があります。どこでもいいからしまえればいいのではなく、欲しいときにその場所にないと不便です。玄関にはかばんやコートをしまえるようなクローゼット、リビングにはリモコンや掃除機をしまえる場所があると便利です。納戸のような大きな空間はたくさん物を入れられる半面、奥の物が出しにくいこともあります。こまごまとした物をしまえる奥行きの浅い、ちょっとした収納がたくさんあったほうが使いやすいと思います。

②玄関周りの収納

玄関は家族だけでなく来客の目にも多く触れるので、なるべくスッキリときれいに見せたいものです。靴をしまうシューズクローゼットにプラスして、ベビーカーやゴルフバッグ、キャンプ用品、自転車などもしまえる土間収納があれば便利です。

③洗面脱衣室

洗面室、脱衣室は毎朝毎晩使う場所なので収納もたっぷり確保したくなります。生活感を出したくなければ洗剤や歯磨き、ドライヤーなども隠したいところです。収納が足りないと既製品のボックスを置くことになり、空間が狭くなるので、最初から収納棚があれば見た目もすっきりします。

④パントリー

キッチンや玄関から近い場所にパントリーがあると、家事負担を軽減することができます。パントリーは食品以外に防災用の備蓄品、ビールの箱買い、ペット用品などもストックできる便利な空間です。例えば広めのパントリーをつくり、その中にちょっとしたワークスペースがあれば、コーヒーを飲んだり、ネットサーフィンを楽しんだり、くつろげる場所にすることもできます。

⑤ウォークインクローゼット

ウォークインクローゼットは主寝室にあることが多いです。3〜4畳の広さがある場合が多く、夫婦の洋服や季節の冷暖房器具、趣味のアイテムなどさまざまなものを収納できます。出入口が2つあって主寝室と通路などの両方から行き来できるウォークスルークローゼットも人気です。

《配線・コンセントも大事》

SUUMOが2023年5月に発表した、注文住宅を購入した412人の「しまった!」ランキングによると、間取りを失敗したと思う1位が配線計画、2位が収納、3位が暑さ・寒さとなっています。

・もっとコンセントの数を増やし、使いやすい位置にすれば良かった。

図表6　注文住宅で失敗したと思う内容

先輩412人の「しまった！」ランキング

順位	失敗内容	人数
1位	配線計画	147人
2位	収納のつくり	123人
3位	暑さ・寒さ	91人
4位	部屋の広さ	88人
5位	生活動線	76人
6位	明るさ	75人
7位	音の伝わり方	64人

出典：SUUMO注文住宅の間取りで失敗しない！先輩412人に学ぶ「しまった！」ランキング！

・図面上で十分と思ったのに住んでみたらコンセントが足りずタコ足配線になった。
・動線をまたぐ形で設置したので、コードが邪魔になる。
・コンセントはたくさんあったほうがいいと聞き多くつけたら、結構余って無駄になった。
・ベランダに照明をつけ忘れたため夕方以降、暗くて使えない。
・EV（電気自動車）購入に備えて駐車場の近くに屋外コンセントをつけるべきだった。

このように実際の生活動線とかけ離れてコンセントの位置や数を決めてしまい、

困ってしまった人がいかに多いかが分かります。

マイホームの建築やリフォームを行う場合、工事が進んでから変更したり追加したりすると配線が変わるため、追加工事の費用が発生する可能性があります。住みやすいマイホームを実現するためにもコンセントの位置や数について家族や住宅会社とよく話し合い、必要な場所に必要なだけのコンセントを設けることが大事です。

新築と中古のメリット・デメリット

マイホームを購入するときに新築と中古のどちらにするべきか悩む場合もあると思います。それぞれに良さがあるので、一概にどちらが良いとは断言できません。新築と中古の良し悪しを知っていれば、自分たちのライフスタイルに合うのはどちらなのかを判断できるようになります。

・新築のメリット

①すべてが新しい

新築の最大のメリットはすべてが新しいことです。キッチン、浴室やトイレなども最新の設備を使うことができます。中古を購入してリフォームすることで設備などを最新にすることはできますし、大型リノベーションを行うことで内装をすべて新しくすることもできますが、一部だけをリフォームするとその他の古い点が目立つということもありますので、すべてが新しいということはやはり新築の最大のメリットであるといえます。

②分譲住宅なら早く入居できる

分譲住宅は住環境、子育て世代好みのデザインや間取り、価格などを事前に十分マーケティングして建てていますので、いい意味で万人受けする合格点の住まいになっています。そのため注文住宅や中古をリフォームすることと比較して、設計など打ち合わせをする時間を省けることや、工程自体もある程度は効率化できる部分があるため、早く入居できるケースも多くあります。すでに建物が完成している物件の場合は、契約してから短期間で入居できるのも魅力です。

③不動産業者の長期保証が付く

新築住宅は購入後10年間、販売業者が品質確保を保証することが住宅の品質確保の促進等に関する法律（品確法）で義務付けられています。柱や梁《はり》など構造部分に問題があったり、雨漏りしたりした場合、不動産を購入した業者に相談すれば、修繕費用を補償してもらえるので安心です。中古でも条件次第で物件に不具合や欠陥など契約に適合しない問題があった場合に買い主が売り主に補償や損害賠償などを請求すると応じなければいけないという契約不適合責任があるものの、新築のほうが長く保証してもらえます。

・新築のデメリット

①購入価格が割高

同エリア、同規模の物件であれば築年数が違うので中古に比べたら当然高くなります。土地の価格は年月が経っても下がりにくい一方で、建物は一度でも人が住むと中古扱いとなり価格が徐々に下がっていきます。売却の際には、こだわって建てた注文住宅と分譲住宅の間で大きな価格差がない場合もあります。比較対象を明確にしなければ、何をもって

図表７　新築のメリット・デメリット

新築	
メリット	デメリット
①すべてが新しい ②分譲住宅なら早く入居できる ③不動産業者の長期保証が付く	①購入価格が割高 ②注文住宅は入居までに時間がかかる ③購入する前に内見できない

著者作成

割高というかは難しいですが、建物本体の価値が年数によって大きく下がりやすい割には、高額といえるかもしれません。

②注文住宅は入居までに時間がかかる

注文住宅の場合、土地探しから間取りの打ち合わせ、設計、施工、上棟、竣工、引渡しと、入居するまでにスムーズに進んでも最低約1年はかかります。

③購入する前に内見できない

注文住宅は完成した姿を先に見ることはできません。分譲住宅や新築マンションもモデルハウスやモデルルームなどは事前に見ることができますが、実際の物件を内見するとなると、人気のエリアは完成前に売れてしまうこともよくあります。

・中古のメリット

①購入価格が割安

同エリア、同規模などの物件であれば、新築より安く購入することができるのが最大のメリットです。築年数や広さは物件によってまちまちですが、価格を抑えたうえで立地や広さを優先する人には大きな魅力といえます。

②現物を内見できる

中古住宅は現物を見てから購入することができます。日当たりや風通しの具合、外の音、部屋の広さ、断熱や換気性能も内見して確認できます。新築住宅ではこうした確認が事前にできないことが多く、特に注文住宅の場合は不可能です。

③希望の立地を選びやすい

エリア重視でマイホームを購入したいなら中古物件も候補に入れるべきです。中古物件は条件さえ絞り過ぎなければ、人気エリアでも売却に出ている可能性が十分あります。最近は都心部の駅周辺でも、再開発などで新築物件や分譲地が出てくるケースがありますが、分譲住宅は広い敷地を分筆（一つの敷地を分割）して建てることが多く狭くなりがちで、希望するエリアの中古住宅を候補に入れることで、広い土地付きの家を購入できる可能性があります。

・中古のデメリット

①修繕コストがかかる

中古は築年数が経過している分だけ劣化が進んでいるので、新築よりもメンテナンスや設備故障の頻度が高く、修繕費用がかさむ場合があります。戸建ては新築から30年経るまでに500〜600万円のメンテナンス費用が必要といわれるため、中古住宅を購入する際には屋根や外壁、設備などに傷みはないか、過去のメンテナンスはいつされたかを確認し、将来かかる維持費用も考えておく必要があります。修繕用ではありませんがコストと

図表8　中古のメリット・デメリット

中古	
メリット	デメリット
①購入価格が割安 ②現物を内見できる ③希望の立地を選びやすい	①修繕コストがかかる ②リフォームに制限がかかる場合がある ③新しくないことによる影響

著者作成

いう観点でみると、中古住宅の購入には適用されない税控除や、中古住宅にかかる諸経費もある場合があるので、諸経費がどれくらいかかるのかも事前に把握しておくことが必要です。

②リフォームに制限がかかる場合がある

大規模なリフォーム・リノベーションを行うことで、理想の空間をつくることはできるとはいえ、物件の状況などによっては規模や範囲、内容に制限がかかる場合があります。

構造上、取り除けない壁や位置を動かせない柱があったり、配管の関係で天井高を変えられない場合があったり、マンションの管理規約などで指定があったりするなど、すべてが予定どおりできるとは限りません。

図表9　注文住宅と中古戸建て＋リフォームの場合の費用検討

30歳、配偶者あり、扶養家族2人の場合
税込年収500万円、配偶者控除150万円
固定資産税の計算は、土地は30坪2100万円、建物（木造）は新築の状態で建物面積30坪2500万円と仮定しました。

購入物件	注文住宅 （土地＋建物）	中古戸建て ＋リフォーム （築20年）
購入金額	4600万円	2600万円
自己資金	1200万円	1000万円
住宅ローン（35年）	3400万円	1600万円
住宅ローン減税	-373.1万円	-175.6万円
利子（年1.800%）	1736万円	505万円
諸費用（6～10%）	460万円	260万円
固定資産税（35年）	540万円	383万円
リフォーム	メンテナンス	入居時リフォーム＋ メンテナンス
	500万円	1500万円
合計	6262.9万円	4072.4万円

取得金額、自己資金額の参照：国土交通省 住宅市場動向調査報告書 資金調達に関する事項より。固定資産税では名古屋市の経年減価補正率表を参考にしました。

出典：不動産SHOPナカジツホームページ「新築vs中古　メリットやデメリット」より作成

③新しくないことによる影響

修繕にコストがかかるという話をしましたが、もちろん新築ではないので、すべてが新しいわけではないため、修繕をしなくても問題ないレベルの傷や汚れがある場合もあります。

どれだけ丁寧に住まわれてきた住宅も新築と比較すれば経年劣化による傷みは発生してしまいますし、新築ではないため過去に自身以外の誰かが居住していたという事実はあります。新しい生活で困りはしないものの、そのような新築とは違う何かしらのことを意識する人はどうしてもいるかと思います。

注文住宅と中古戸建て＋リフォームで、35年間総費用を比較

注文住宅と中古戸建て＋リフォームの35年間に必要な費用を私たちが試算すると注文住宅のほうが２１９０・５万円高くなりました。土地は価値の変動が少ない一方、木造住宅は20年以上経過すると住居として活用できるかどうかとは関係なく、資産としての価値は

ほぼなくなっていきます。そのため中古は初期費用を安く抑えることができ、固定資産税も新築に比べて低くなります。価格という部分だけで見ても、購入金額のみならず多くの観点から費用を考える必要がありますし、「立地・建物・価格」のバランスを見て自分たちの理想の暮らしを総合的に判断する必要もあります。

注文住宅で費用をかけてでもやりたいことがあるのか、中古住宅で既存の間取りや設備を利用しながらリフォームで費用のバランスをとるのか、最終的には売却まで考えて立地に予算をかけて地価の高いエリアで購入するのかなど、メリット・デメリットを自身のライフスタイルと照らし合わせて総合的に判断していくことが大切です。

戸建てのメリット・デメリット

・戸建てのメリット

①プライバシーを保ちやすい

戸建てはマンションと比較して複数の面でプライバシーが保ちやすいと考えられます。

もちろん物件それぞれの状況にはよりますが、一般的にそう考えられる理由は「生活音が気になりづらい」「家族間でのプライバシーを保てる」「近隣とのプライバシーを保てる」ということです。

マンションと違い、ほかの住居から距離が離れて独立性が高いため、生活音が響きにくくなります。そのため幼い子どもがいる家庭でも、周囲に気を使うストレスが軽減されます。

また、戸建ての多くは2階建てや3階建てであり、フロアを隔てるので、1階で生活している時間と2階で生活している時間などに家族間のプライバシーは保たれます。例えば、マンションや平屋の場合は1フロアのため、一般的にはトイレは1カ所であることが多いですが、2階建ての場合は2カ所つくられる場合が多いので生活する時間に廊下でも会わないケースを想像してもらうと分かりやすいと思います。

近所との付き合いについては、マンションではエレベーターや駐車場で同じマンションの住人と顔を合わせることが多く、戸建てのほうが近隣とのプライバシーも比較的確保しやすいといえます。

②リフォームに制限がかかりづらい

マンションの外壁や共用部分を修繕する場合、管理組合によって修繕積立金の運用が決まりますが、修繕積立金の増額には住民の賛同が必要なため、実施するまで時間がかかることも少なくありません。マンションの管理規約によっては専有部分であっても指定が入る場合もあります。

戸建てなら土地も建物も自分たちだけの所有であるため、基本的には自分たちのタイミングで自分たちのやりたいリフォーム・リノベーションができます。

また、立地や構造にはよりますが、戸建てはマンションに比べ外部に接する面積が大きいため、注文住宅やリフォームで間取りの融通を利かせて、窓の数を増やしたり、中庭を設けたりすることで、風通しや採光を確保することもできます。

③敷地スペースを利用できる

戸建てとマンションで一般的に大きく違うところは、敷地スペースがあることだと思います。敷地スペースを有効に使うことができれば、自身の理想のライフスタイルに合わせた計画が一歩進むかもしれません。

自分の敷地スペースに余裕があれば、駐車場スペースを確保することで、駐車場代が不要になりますし、居住空間から駐車場までの距離が近いのでマンションより移動がスムーズです。

敷地内に庭が確保できれば、アウトドアが好きな人や子どもにもメリットがあるとも思います。庭にプールを出したりブランコを設置して子どもを遊ばせたり、バーベキューを楽しんだりすることもできます。また、ガーデニングや家庭菜園など、マンションでは難しい「食育」「庭育」ができます。

④年間のランニングコストが抑えられる

新築・中古に関係なく、マンションでは基本的に負担しなければならない修繕積立金が戸建てには不要です。戸建てではマンションと違い、自身での管理となるものが多いので自身のタイミングで費用支出を決定することができることや、土地にかかる部分の税制優遇がきいたりする場合もあるため、もちろん物件にはよりますが、年間のランニングコスト自体は抑えられる傾向にあります。

図表10　戸建てのメリット・デメリット

戸建て	
メリット	デメリット
①プライバシーを保ちやすい ②リフォームに制限がかかりづらい ③敷地スペースを利用できる ④年間のランニングコストが抑えられる	①メンテナンスに一気に費用がかかることも ②マイホーム探しはより１点ものとなる ③防災の不安

著者作成

・戸建てのデメリット

①メンテナンスに一気に費用がかかることも

健康を維持するために多くの人が定期検診を受けるのと同じように、マイホームも長く暮らすには定期的なメンテナンスが必要です。外壁や屋根やバルコニーが傷むと雨漏りの原因となります。10年から15年に1回程度必要な外壁の塗り直しは１５０万円前後かかります。

②マイホーム探しはより1点ものとなる

不動産はその場所に一つしかないものなので、ほかに一つとして同じものがありません。それぞれ一つひとつ違う不動産のなかから、自身の希望がかなえられる不動産を探していきます。マンションであれば、同じエリア内で物件を検討する際に複数の部屋があるので、選択肢は少し増えると思います。しかし戸建てとなると、より1点ものという性質が強くなります。その物件と同様の物件の数はマンションと比べて大きく減少し、選択肢が少なくなってしまうことがデメリットといえます。

③防災の不安

頑丈に建てられたマンションなどと比べ、戸建ての住宅は台風などの強風時に屋根やカーポートが飛んだり、1階が浸水したり、震災時の揺れで倒壊したりする恐れもあります。構造や間取りにもよりますが、例えばマンションと違い、比較的窓などの開口部が多い物件の場合は開口部が少ない物件より強度は落ちることもあります。

新築戸建てを建てるときの注意点

知識のないまま家を建ててしまうと、後悔するだけでなく、大きなトラブルとなる可能性もあります。新築戸建てを建てる際は不動産会社選びから引渡しまでの間にたくさん注意が必要なポイントがあります。

①周りの意見に流され過ぎず、信頼できる住宅会社を見極める

新築戸建てを建てるときにスムーズに進めるコツは、家づくりの基礎知識と判断力を身につけたうえで、自身や家族の理想を最も実現してくれそうでかつなんでも本音で話し合える住宅会社かどうかを見極めることです。周囲の意見を聞き過ぎたり、ポータルサイトを見過ぎたりするのは良くありません。

②土地選びも任せられるパートナーを

土地選びで知っておきたいのは、土地には都市計画法に基づくさまざまな建築制限があるということです。代表的なものに、用途制限、建ぺい率・容積率、日影制限、宅地造成規制などがあります。こうした制限が土地に設定されている場合、望みどおりの家を建てられるかどうか、専門的な知識がないと判断できません。購入した土地が建築不可だったという悲劇も起こり得ます。将来的な売却にも関係してくるので、土地選びは慎重に行う必要があります。

また、同じ土地でも、住宅会社の担当者が家づくりの視点で見るのと、不動産会社の担当者が不動産価値の面から見るのとでは同じ土地でも評価が違います。できれば、土地の売買も担い、家も建てられる会社を選ぶと時間のロスもなく、ライフスタイルに合った理想の住まいが実現しやすいと思います。

③耐震性・耐久性に不安がないか

今後30年以内に70〜80％の確率でマグニチュード8〜9クラスの巨大地震である南海トラフ地震が発生すると予測されています。そのため日本で地震や災害に強い家を建てるのは当然です。大切な家族の生命と不動産を守るために耐震性・耐久性にこだわるべきです。また、活断層が建設地を通っていないか、近接していないかなども国土地理院発行の活断層図で確認しておく必要もあります。また、人とは違うおしゃれな家を建てたいと考える人も多いと思います。しかし、あまりデザイン性にこだわり過ぎると後悔することになります。大きな窓が欲しいからといって壁一面を窓ガラスにすると断熱性が低下し冷暖房効率は下がります。壁のバランスが崩れることで耐震性・耐久性も落ちます。

大きな吹き抜けに憧れて採用したものの、1階の音が2階まで響いて騒々しい例もよくあります。デザインの優れた家は心を豊かにするだろうとは思います。しかしやはり家は現実に住んで生活していくところでいきいきと生活できなければ意味がありません。耐震性や耐久性などの安心と、デザイン性、使い勝手などのバランスを考えた家であることが大切だと思います。

④間取りは生活変化を想定して決める

間取りは収納や配線、動線に注意を払いながら家族構成やライフスタイルの変化を想定して、最初からきっちり作り込まずに余白をもたせることが大事です。収納や配線、動線の重要性を忘れずに住宅会社と打ち合わせを進めていきましょう。

⑤売却することも視野に入れて考える

人生は何が起こるか分かりません。ある日突然転勤を命じられた、会社が倒産して住宅ローンを払えなくなったなどという不測の事態に備えるのなら、なるべく華美な装飾や凝り過ぎたデザインを避けシンプルなデザイン、間取りにしておくと売却しやすくなります。そんな提案をしてくれる不動産会社を選ぶと、建てるときも建てたあとも安心です。

⑥住宅ローン返済計画をきちんと考える

「いくらまで借りられるか」ではなく、「いくらなら返せるか」、これが住宅ローンの基本的な考え方です。自分たちの予算でどのぐらいの家が建てられるのか、身の丈に合った家づくりを慎重に進めるべきです。月々の返済額や返済期間によって総支払い額は大きく変わってきます。無理のない返済計画を立てて、ゆとりある暮らしを送ることがマイホーム選びの真の目的です。新たに土地を購入し注文住宅を建てる際は土地の決済をしてから着工となります。そのため、住宅の引渡しに先行して土地のローン返済が始まります。返済開始に猶予期間を設けてくれる金融機関もありますが、そうでない場合は家賃との二重支払いで家計を圧迫することもあるので事前に確認しておく必要があります。

⑦新築戸建てを建てる際にかかる費用

新しく家を建てる場合かかる費用は建物だけではありません。「本体工事費」のほかに「付帯工事費」と「諸費用」が必要になります。この3つのなかで最も金額が大きいのが「本体工事費」です。文字どおり、建物本体にかかる費用で、総費用の70~80%を占めま

図表11　家づくりにかかる費用

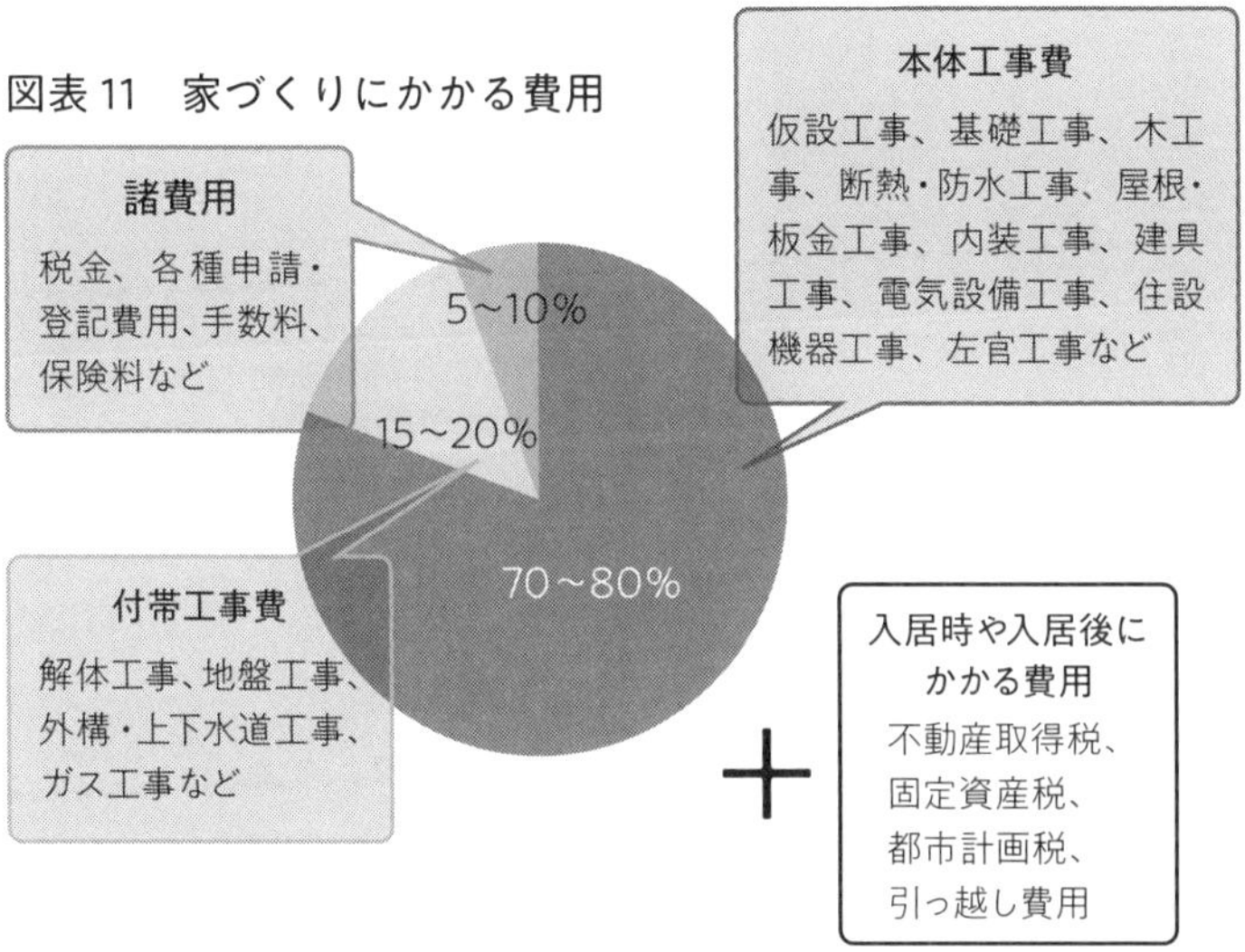

著者作成

す。

次に多いのが「付帯工事費」です。解体工事、地盤工事、外構工事、上下水道工事やガス工事などがあります。「諸費用」には、契約時の印紙代、登録免許税、司法書士報酬、ローンを組む際の融資手数料と保証料、火災保険料、団体信用生命保険料など、さまざまなものがあります。諸費用の目安は建築工事費の５～10％です。諸費用などだけでも大きな金額になるので、きっちりと予算に組み込んでおく必要があります。そのほか、入居時や入居後に必要になる費用もあります。

これを踏まえたうえで、坪単価60万

円、総床面積40坪の家を建てた場合の費用を計算してみます。本体工事費は2400万円、別途工事費は700万円前後、諸費用は300万円前後で、総費用は3300万円前後になります。土地から購入する場合は別途土地代もかかってきます。

ここにいくつか挙げたものは、あくまでも注意すべき点であり、絶対にダメというわけではありません。自分たちのライフスタイルにあわせて、新築戸建てがベストと決めたなら、何かそこに優先順位の高いゆずれないこだわりがあるはずです。それなら最後は納得のいくまで妥協しないということも大切です。ただし妥協しないポイントを誤らないように、家族や信頼できるパートナーと話し合って進めていきましょう。

マンションのメリット・デメリット

・マンションのメリット

①立地がいい

マンションの最大の利点は立地の良さで駅近物件も多数あるので、利便性を求めるなら戸建てよりも探しやすいといえます。高層階なら美しい眺望も楽しめます。

②急なメンテナンス費用がかかりづらい

マンションの場合、国土交通省が「マンション標準管理規約」というガイドラインを公表しており、マンションそれぞれの修繕計画に沿って共用部分などの改修が実施されます。お金を集め修繕を進めることで、マンションの価値が維持されるのです。この計画がしっかりしていれば、マンションの共用部分である構造上重要な部分に関しては管理されるので、戸建てで起き得る可能性がある、急なメンテナンス費用がかかるということが起きづらいのです。

③防災面の安心

戸建てに比べて、マンションは比較的頑丈に作られているため、そもそもの構造として強いことが多いです。高層階になれば洪水などの影響を直接受けることも少ないです。

また、災害時の自家発電設備や住民用の備蓄倉庫があるマンションもあり、防災面でも心強いです。

④ワンフロアで住みやすく、バリアフリー物件も多い

マンションの場合は一般的にワンフロアであることや、自身の部屋までエレベーターがあることが多いため、階段の上り下りがないので、身体への負担が少なく、年齢を重ねてからも住みやすいといえます。家族構成や使用状況にもよりますが、ワンフロアだけの生活空間なので、2階建ての戸建て住宅よりも光熱費を抑えられます。

また、最近の分譲マンションは小さい子どもから高齢者まで、誰もが使いやすいユニバーサルデザインで設計されています。エントランスにはスロープがあり、エレベーターもあるので、小さな子どもや高齢者、障がいのある人も安心です。

さらに、24時間いつでも使えるゴミステーションや宅配ボックスといった設備があることが多いのも魅力です。マンションの1階にコンビニエンスストアがある物件も増えています。

・マンションのデメリット

①プライバシーを保ちづらい

マンションは集合住宅かつワンフロアの作りが多いので、戸建てと比較するとプライバシーが保ちづらいと考えられます。最近のマンションの防音性能はかなり上がっていますが、それでも上下・左右の部屋に響く音を完全に防ぐのは難しいと思います。マットを敷いたり、ドアクローザーを調節したりするなどの気遣いや、住民の相互理解が大切になります。また、多くのマンションはワンフロアに各部屋があるため、どうしても家族同士のプライバシーは戸建てに比べると保ちづらくなります。

さらに近隣の住居者のコミュニティは防犯面では心強いものがありますが、プライバシーを保ちにくいデメリットもあります。

②リフォームに制限がかかりやすい

構造自体は戸建てと比較して強固な場合が多いため、専有部分内のリフォームに関しては大きくリフォームしづらいということはありませんが、マンションでリフォームが可能なのは、自己所有の専有部分のみです。玄関ドアや窓は共用部分とみなされ、取り替えは

図表12　マンションのメリット・デメリット

マンション	
メリット	デメリット
①立地がいい ②急なメンテナンス費用がかかりづらい ③防災面の安心 ④ワンフロアで住みやすく、バリアフリー物件も多い	①プライバシーを保ちづらい ②リフォームに制限がかかりやすい ③敷地スペースがない

著者作成

できません。また、専有部分内であっても、管理規約などにより制限がかかる場合があります。

③敷地スペースがない

戸建てと違って自身で利用できる敷地というのが基本的にはないのがマンションの特徴です。したがって駐車場や庭などを確保したい希望がある場合は注意が必要です。

すべての入居者が平置き駐車場を利用できるとは限らず、抽選で決まる場合が多いです。立体型の駐車場は慣れないと出し入れしにくく、朝の出勤時に順番待ちで混み合うこともあります。2台目以上の駐車場を確保しにくいのもマンションの弱点です。

また、1階の部屋に庭がある建物もありますが、基本的にマンションには庭がありません。植物を育てたい場合は管理規約などに従いながら、室内やバルコニーで楽しむことになります。

マンションの管理について

マンションは戸建て住宅と違い、一棟の建物を区分して所有します。各住戸はそれぞれの所有者が単独所有しますが、住戸の境の壁や共有して使う階段、エレベーター、給排水管、エントランスや駐車場などの共同管理は管理組合が担います。

管理組合は分譲マンションの購入者（区分所有者）全員が必ず入らなければなりません。管理業務にあたる執行機関として理事会があり、役員を選出します。理事長をはじめ役員は管理組合員から総会で選ばれます。任期は各マンションの管理規定で定められており、1～2年が一般的です。

管理組合と管理会社の関係

管理組合と似た言葉で、管理会社があります。マンション管理は住民が快適に生活するため、日常的に多くの業務が発生します。エントランスやエレベーター、駐車場など共用部分の光熱費やメンテナンスも含まれます。さらに、給排水管や屋根防水、外装の点検整備などの大規模修繕、それらの会計処理といった専門的な知識が必要なものもあります。幅広い業務を管理組合だけで対応することが難しいため、外部に管理業務を委託することが一般的で委託先の会社を管理会社と呼びます。

管理会社の業務内容は契約内容によって異なり、管理組合の会計処理、修繕などの提案・実施調整などといった事務的なものから、マンション管理員を設置し清掃や設備の点検といった業務もあります。管理組合と違い、管理会社へは報酬を支払わなければなりません。委託費はマンション購入者が毎月納める管理費が充てられます。マンション購入を検討する場合は、管理組合や管理会社がどのように管理しているのかを確認することも必要です。

リフォームやリノベーションにより付加価値をつけることで、自分たちのライフスタイルにあった居住空間をつくる

中古住宅や中古マンションを購入してからリフォームやリノベーションをすることによって、すべての設備を新築と同様にしたり、自分たちのライフスタイルに合わせた付加価値をつけたこだわりの居住空間をつくることも可能です。エリアにこだわりがある、予算内で理想をかなえたい、ライフスタイルに合った空間をつくりたいといった人にとっては有力な選択肢になり得ます。

・そもそもリフォーム、リノベーションとは？

一般的にリフォームとは、壊れたり、老朽化したりした部分を修繕することです。例えば、浴室やキッチンの設備を新しく取り替えたり、内装を取り替えたりするのがリフォームで、一方、リノベーションとは、ライフスタイルに合わせて間取りを変えるだけでなく、再生を意味する「Re」と革新・刷新を意味する「innovation」を合わせた造語です。

「新築時の状態にとらわれず、新たな価値をもつ空間をつくる」ことを指します。

・中古物件のリノベーションが人気の理由

ここ数年、中古住宅や中古マンションを購入し、リノベーションする人が増えています。人気の秘密は、①コストが割安　②空き家が増え、立地や土地面積など好条件の物件が増えている　③技術の進歩で新築物件のような美しいリノベーションが可能になったことなどが挙げられます。

中古は悪いもの、古いものというイメージが変わってきている証拠だと思います。中古という選択肢を最初から省かずに、選択肢を広げるため、リノベーション後の空間を体感できるショールームをもった住宅会社や不動産会社と相談することで、理想のマイホームに近づける可能性があるのです。

・リフォームに向いている人

①こだわりのエリアにとにかく住みたい

とにかくマイホーム探しの優先順位がこだわりのエリアという場合にはリフォームの選択肢は有効だと思います。中古戸建てを購入してリフォームという選択肢を増やすことで新築戸建てだけで探すよりも物件数が増えますから希望のエリアの物件に出会える可能性が上がります。

また、マイホーム探しの理由が賃貸からの移動であれば少し異なるかもしれませんが、すでにマイホームをもっている場合や実家などの場所は移りたくないが、使い勝手などから検討する方は、リフォームも有効です。家族との思い出が詰まった愛着のある家に住み続け、長く住み慣れた場所で生活環境が変わらないこともメリットです。

②家族構成が変わり、使わない部屋がある

子どもが独立して、夫婦２人の生活になったので、部屋数を減らしてゆとりある間取りに変更したり、子どもの結婚を機に二世帯住宅にしたりするケースも多いです。

③費用を抑えつつ、理想をかなえたい

中古物件のリフォームは多くの場合、新築に比べて費用を安く抑えることができます。プロの提案と設計・施工力で限られた予算のなかで新築以上の理想をかなえることも夢ではありません。設備や間取りにとにかくこだわりたいという人の場合などは注文住宅を検討するよりも費用を抑えるだけでなく、状況によってはスケジュール全体を早くできる場合もあります。

リフォーム工事の注意点

リフォームは新築よりも専門的な知識と高度な技術が必要といわれます。だからこそ、顧客の細かい要望をくみ取って、丁寧に提案してくれる建築のプロを選ぶことが大事になってきます。施工実績やショールームの有無などの情報を集めて、自分たちの目的と予算に合った提案をしてくれる業者を選んでいくべきです。中古物件を紹介しつつ、リフォームも自社で施工できる不動産会社もあり、そんな会社ならあなた自身のライフスタイルと物件自体のメリット・デメリット、リフォームで生まれる可能性を踏まえて提案し

てくれるので、理想の住まいで豊かな暮らしの実現に近づきます。

・戸建てリフォームの注意点

戸建てリフォームの場合、間取りの変更や増築は、建物の構造によってできる範囲が異なるので、工法の特徴を知っておくと良いと思います。

日本の木造住宅の大多数が柱と梁を組み合わせてつくる「木造軸組工法」で建てられています。この工法は建築士による構造計算で適正な補強を行うことにより、間仕切り壁などの移動が容易にできるのでプランの自由度も高く、リフォームに適しているといえます。

木材と合板で作られたパネルを面材として、壁・床・天井に貼って構造体を支える「ツーバイフォー工法」は取り除けない壁が多く、窓やドアなどを作るのも難しいので、リフォーム上の制限が多くなります。

・耐震補強が必要な場合も

築年数が経っている中古戸建てや大規模改修をする場合は、耐震補強を施したほうが安心です。住まいのプロである建築士による耐震診断で、建物の弱点や補強が必要な箇所を調べてもらい、結果に基づいた補強をしてもらいます。

・家の部位ごとの注意点

①屋根・外壁

変更は可能ですが、防火、準防火地域の建物は耐火構造にしなければならない場合もあります。また、風致地区に建っている場合は色彩などの基準が定められているので事前に確認が必要です。

②吹き抜け、トップライト

屋根や建物の強度に支障がない範囲で作ることは可能です。構造によってはできない場合もあります。

③窓の交換・新設

耐力壁以外の壁であれば可能です。ただし、防火・準防火地域内の建物の場合、延焼の恐れのあるところは防火性能の高いガラスにする必要があります。

④水回り

戸建て住宅は給排水菅の移動も容易にできるため、水回りのリフォームも容易にできます。

⑤間取り変更

構造に問題のない範囲で変更することが可能ですが、構造上どうしても位置を動かせない柱や筋交いがあることを理解しておく必要があります。

⑥玄関ドアの交換
防火・準防火地域内の建物で延焼の恐れのある部分のドアは、防火戸にする必要があります。

・中古マンションリフォームの注意点

マンションのような集合住宅の場合、いくら自分の家にあたる専有部分でも、すべて自由にリフォームできるわけではなく、法律や規約に基づいて行うことが原則です。マンションリフォームの際の注意点と基本的なポイントは次のとおりです。

①リフォームできる部分とできない部分がある
玄関ドア……共用部分なので基本的には交換や塗り替えなどはできません。許可をもらえれば内側を塗り替えられる場合もあります。

天井……天井材の張り替えはできます。天井裏の換気ダクトや上階の配管などに干渉しなければ、天井高をアップできる場合もあります。

壁……壁材の張り替えや間仕切り壁の撤去・増設もできます。
床……既存の床をはがして張り替えることができます。
コンセント……位置を変えたり、増設したりするのは可能です。
窓・サッシ……交換はできませんが、内窓は追加できます。
パイプスペース……共用部分なので移動することはできません。
バルコニー……植物を置く程度は認められますが、工事はできません。

②構造によってメリット・デメリットがある

鉄骨のマンションは、建物が柱や梁で支えるラーメン構造か、柱や梁の代わりに耐力壁で支える壁式構造かによって、リフォームできる部分とできない部分に違いがあります。

・ラーメン構造

建物を垂直方向の柱と水平方向の梁で主に支える構造です。戸建ての木造軸組工法と似た構造で、中高層マンションに多く用いられています。

良い点は、壁で建物を支える必要がないので、自由な空間ができやすく、間仕切り壁を動かすことがしやすく、リビングを広くするリフォームも可能です。悪い点は、太い柱や梁が住戸内に出っ張り、家具を置くのに邪魔になることがあります。

・壁式構造

ツーバイフォー工法の戸建てと同じように壁で建物を支える構造です。ラーメン構造が「線」で建物を支えるのに対し、壁式構造は「面」で支える形状となり、中低層のマンションに多く採用されています。

良い点は、柱や梁が室内に出ないので、部屋を広く使えます。悪い点は、間仕切り壁が建物を支える耐力壁であることが多く、壁を移動するのが難しくなります。窓の大きさもラーメン構造より制約を受ける場合が多いです。

物件を選ぶときのポイント

近年、大地震や集中豪雨といった災害の発生が目立ちます。家は命と生活を守る重要な存在です。購入・建築の際の注意点としてハザードマップ、近隣の施設の確認、土地選びの面から述べます。

・ハザードマップ

ハザードマップは自然災害による被害を予測し、その被害範囲を地図化したもので、地域でのさまざまな災害の危険度を知ることができます。代表的なものとしては、河川浸水洪水マップ・土砂災害マップ・地震災害マップ・火山防災マップ・津波被害・高潮マップなどがあります。

国土交通省の「重ねるハザードマップ」「わがまちハザードマップ」では、近隣の避難所や自宅や勤務先から避難所までの道が安全かどうかも確認できます。ハザードマップで自分が住みたい土地のリスクを知り、対応策を講じておくことが大事です。物件選びの際、顧客任せにせず、ハザードマップを一緒に見ながらエリアの説明をしてくれる会社は親切だと思います。

・近隣の施設の確認

快適な暮らしをかなえるために住まいの周辺環境がとても大事です。物件を探すとき、近隣にどんな施設があるのか、ないのかを確認しておくべきです。近くに公共施設があると、そこは避難所になる可能性が高いので、家からのルートを家族間で共有しておくと安心です。

・土地の価値を理解する

一言に土地の価値といってもいろいろな見方があります。生活利便性としての立地から考える価値、住宅を建てるための敷地から考える価値などを総合的に判断して、資産としての価値を正しく理解しましょう。

一般的に建物と比較すると、土地の価値は下がりにくいです。物件を選ぶ際は、今の自身にとっての価値だけでなくほかの人から見た場合や将来的にも価値があるのかという点を意識してほしいと思います。価格と広さだけで土地を購入するのは危険です。価値の高い土地には理由があります。価値ある土地の選び方を伝授します。

①駅近など、利便性が高い

土地の価格に最も影響を及ぼす要素は立地です。駅から徒歩圏の物件は多くの人が住みたいと望んでおり、車をもつ人が少ない都心部では、なおさらこの傾向が強くなります。利便性が高い駅近の土地やスーパーやコンビニなどの生活利便施設が近い土地は、基本的には価値が高い土地ということができるでしょう。

②建ぺい率や容積率などの条件が良い

土地は単純に広ければ良いのではなく、どれほどの大きさの建物が建てられるかが重要です。建物の大きさは土地ごとに定められた建ぺい率と容積率によって変わります。土地を選ぶ際には、建ぺい率や容積率はどのような指定があって、それは敷地に対してどれくらいの建物が建てられるのか、自身が希望する建物は問題なく建てられるのかなどを住宅会社や不動産会社にきちんと相談しましょう。

③用途の制限を受けにくい

土地には用途地域という区分けがあり、あらかじめ建築できる建物の種類や用途に制限があります。制限を受けにくい土地では、さまざまな建物を建てることができます。住宅を建てられる土地にもさまざまな種類があり、建てられる建物の種類や高さなどの条件が変わってきます。

駅近のエリアは「商業地域」に指定されていることが多く、建ぺい率や容積率の制限が緩くなりますが、建物の構造に制限があり、防火性に優れた建物にする必要があります。また、駅から離れた場所にある住宅地は、建物の高さが制限されるほか、店舗を開けないといった制限も加わってきます。こうした場所は、建物の種類に制限が多いため、価格は安くなりがちです。逆にいえば、値段が安くて広い土地を購入しやすいということでもあります。

④土地の形状が整形地で、使いやすい

土地の形状も価格に大きく影響してきます。多くの条件によっても変わりますが、一般

的に最も価値が高い土地は、正方形や長方形の整形地と呼ばれる土地です。土地の広さを有効活用して建てられるし、庭や駐車場なども設けやすく、道路への設置面が広いので、車の出入りがスムーズです。需要が高いため必然的に価格も高くなります。

形状だけでなく、土地の高低差なども価格に影響します。道路と敷地に高低差があれば土を盛ったり、擁壁を建てたりする必要があるかもしれません。土地はどのように利用できるかで価値が大きく変わるのです。

ただし、そんな形状や高低差もメリットに変えることができる場合もあります。例えば、坂の途中にある土地の場合、立地の高さを重視し、津波や浸水の被害を受けにくいことや眺望の良さを考えれば、その人が希望するライフスタイルに合う物件となるかもしれません。

ポイントとしては土地を自身だけで見て判断するのではなく、不動産のプロと一緒に現地を確認したり、住宅のプロにどのように建築に活用させることができるのかを相談したりすることをお勧めします。

売却についても視野には入れておく

マイホーム探しをこれから始める人に、売却の話をするのは違和感があるかもしれませんが、大切なことだと思いますので少し触れておきます。住宅の価格にはさまざまな要因が関係します。大切なマイホームを将来売却するタイミングがくることもありますので、売却についても視野に入れて、いざそのときがきた際には、不動産会社に任せきりにせず、より良い条件で売却ができるように基礎知識をつけておきたいものです。

家を売るベストなタイミングはいつかとよく聞かれます。住宅価格を決める要因は市況や税制、家や売り主の状況などさまざまなので、一概にいつがベストとはいえません。

一年中で最も不動産の取引が活発化するのはゴールデンウイークやお盆、年末年始といった大型連休のあとです。実家に帰って親とマイホームの話をしたり、時間が余っているのでネットで物件を探したりする人が増えるからです。また、木材の不足に伴う価格高騰や半導体不足などで新築住宅が高騰した昨今、中古住宅購入にシフトする人も増えています。

売却時のことも考えてマイホームを探す場合は立地やエリアが価格に影響することを念

頭におく必要があります。特に中古マンションの場合は売却価格に大きく影響します。人気の学区内にある、大型商業施設が近い、交通アクセスがいい、津波の心配がなく眺望豊かな高台にある、といった好立地なら早く、高く売却できる確率が高いといえます。

また、売却のことだけを考えるのであれば、こだわりの強過ぎる住宅にしないこともポイントです。デザインや間取り、素材選びにあまりこだわり過ぎると、売却する前のリフォームで出費がかさんだり、買い手の選択肢を狭めてしまったりする恐れもあるので注意が必要です。

物件の品質チェック項目

安心できる物件選びのために、建物の構造・性能に関するチェックポイントを押さえておくことが大事です。建築士やインスペクションの調査員など、第三者の専門家のチェックを受けることで、住んでからの家のトラブルを減らすことができます。メンテナンスの必要な時期や費用の目安が分かるほか、診断結果が建物の状態の良さを示す履歴になり、売却時もプラス材料となります。

①床の傾き、ひび割れなどの目に見える欠陥を確認する

床の傾きの原因としては、仕上げの不具合による軽微なものから、構造自体（基礎から傾く不同沈下や、基礎の劣化が伴うものなど）が傾いている重大なものまであります。最近は、ホームセンターで購入できる水平器や水平器機能をもつスマートフォンのコンパスアプリでも計測もできますが、専門家に調査してもらうほうが安心できます。

3メートル離れた位置で6／1000以上の傾きがあると、建物状況調査の劣化事象に該当します。インスペクション基準なら、3／1000以上の傾きは問題がある可能性を疑う範囲となります。専門家に診てもらう場合は、レーザータイプの水平器で床や壁の計測をしてもらって、どの程度の傾きがあるかを確認し、そのほかに関連のある症状（ひび割れなど）が出ていないか点検してもらうと良いです。

②断熱材の欠損や雨漏り、シロアリなど目に見えない欠陥を確認する

断熱材の検査は外壁面・屋根裏・床下の必要な箇所にきちんと断熱材が施されているか、隙間は生まれていないか、断熱材の留め方は適切かを確認していきます。特に隙間に

関しては断熱材と断熱材の間はもちろん、コンセント周りや配管などの周りまでチェックする必要があります。

雨漏りは築年数が経過するほど発生リスクが高まりますが、新築時からリスクの高い家もあります。近年では人気の高い軒のない家や、雨戸やシャッター、窓上の庇《ひさし》がない家は外壁面に雨水が直接当たるので、どうしても雨漏りするリスクが高くなってしまいます。調査の方法は雨漏りの形跡がないかどうかを目視で確認する「一次診断」と、雨漏りの原因を究明する「二次診断」があります。足場が必要になる場合が多いので専門家に依頼するのが得策です。

シロアリ被害は、特に木造物件では構造耐力に影響を及ぼすので、より注意が必要です。国土交通省補助事業「シロアリ被害実態調査報告書2013年」によると、築25年以降の建物は全体の2割程度がシロアリ被害に遭っていることが分かりました。それより新しい物件でも、10年を超えると1割以上に被害が生じていることが明らかになっていま す。中古物件を購入するときはまずシロアリ被害を疑ってみるべきです。

シロアリ調査の基本は床下の目視チェックです。床下をのぞき込み、シロアリが通る道が床下にないかを確認します。床下以外にも外回り（物置やウッドデッキ）、玄関、勝手口、浴室など、日当たりの悪い箇所はシロアリが好むので要注意です。

③断熱性や耐震性、給湯設備や計画換気など住宅の性能を確認する

断熱性の確認には、断熱材の施工状況を見るのはもちろん、真夏と真冬に無暖房の室内を体感してみることに尽きます。

耐震の確認には耐震診断が一般的です。耐震診断とは、一級、二級建築士の資格を有する者が建築基準法で定められた「耐震基準」に基づいて、建物の耐震性が強いか弱いかを調べることです。耐震診断は主に、「一般診断法」と「精密診断法」と呼ばれるものがあります、

・一般診断法……屋根裏や床下、基礎、外周などのチェックで、時間とコストが抑えられることから多くの木造住宅で実施されることが多いです。

・精密診断法……柱や耐力壁などすべての重要構造について、厳密なチェックが行われます。調査時間は約半日～終日で、コストが一般診断法に比べて高めです。

耐震の安全基準は、Iw値＝1.0以上でこの数字よりも上であれば、建築基準法の基準を超え、震度7の激震が起きた場合でも建物が倒壊しないとされています。

築年数の古い住宅は給湯器に記載してある年式を確認してください。給湯器の寿命は10～15年といわれています。築10年以上経過している中古住宅は入居後いつ給湯器が故障してもおかしくありません。古い給湯器は最新の給湯器と比べると湯を沸かすための効率が非常に悪いので光熱費に差が生じ、毎月の支払いが高くなります。まだ使えると考えるよりもコストパフォーマンスを考慮し、将来的に得になると考えて取り替えることを推奨します。

計画換気されているかどうかは、ビニール袋などを換気口に直接当てて風量を調べることで分かります。空気の流れは目には見えないものですが、換気風量のチェックをはじめ、湿度・結露などが教えてくれる換気不足のサインを敏感にキャッチすることによって換気の効率を上げることができます。

④収納や家事の動線などが考えられた間取りかどうか確認する

注文住宅なら、最終図面どおりになっているかをチェックしていきます。分譲住宅、分譲マンション、中古物件の場合は収納の数と位置、家事動線が自分たちのライフスタイルに適しているか、普段の生活をイメージして確認していきます。

⑤長期的なメンテナンスなど将来的なフォローがあるかどうか確認する

定期点検や長期メンテナンスのほかに、問題があった場合に対応する住宅瑕疵《かし》担保保証・地盤保証・シロアリ保証・完成保証など、長く安心して暮らせるような保証体制が付いているかどうか確認しておきます。メンテナンス会社にただ委託すれば良いというわけではありません。自社メンテナンスチームがしっかりとアフターフォローしてくれるかどうかを見るのも一つのポイントです。本当に必要なメンテナンスかどうかを信頼できるパートナーとして相談に乗ってくれるかどうかということがアフターフォローにおいても大切です。また、将来的にもし売却することになった場合、損することのない提案をしてもらえるのかどうか、契約する前に聞いておくといいです。

⑥オーバースペックな機能により余分な費用を払っていないか確認する

住宅の性能を追求するあまり、高気密・高断熱の家に加えて全館空調システムや床暖房、薪ストーブ、トリプルガラスサッシなど、住む地域にとっては過剰ともいえるスペックが付いていないかも確認しておくべきです。果たして、自分たちのライフスタイルにそこまでのスペックが必要かどうか、イニシャルコストとランニングコストのバランスも考慮しながら冷静に判断していくべきです。高い金額を払ってその物件を購入しても、売却するときにオーバースペックがネックとなり、売りにくくなることも考えられます。

図表13　物件の品質チェック項目

No	チェックポイント	ポイント群
①	床の傾き、ひび割れなどの目に見える欠陥を確認する	
	床の傾き	専門家へ点検を依頼
		ホームセンターで購入できる水平器やスマートフォンのコンパスアプリで測る
	ひび割れ	専門家へ点検を依頼
②	断熱材の欠損や雨漏り、シロアリなど目に見えない欠陥を確認する	
	断熱材	外壁面・屋根裏・床下（隙間、留め方など）
		コンセント周りや配管周り（隙間など）
	雨漏り	一次診断：雨漏りの形跡がないかどうかを目視
		二次診断：雨漏りの原因を究明する
	シロアリ	床下を目視
		外回り（物置やウッドデッキ）、玄関、勝手口、浴室など、日当たりの悪い箇所
③	断熱性や耐震性、給湯設備や計画換気など住宅の性能を確認する	
	断熱性	真夏と真冬に無暖房の室内を体感する
	耐震性	・一般診断法……屋根裏や床下、基礎、外周などのチェック。コストが低く、木造住宅で実施されることが多い
		・精密診断法……柱や耐力壁などすべての重要構造について厳密に
	給湯設備	給湯器の寿命は10～15年、記載されている年式
	計画換気	ビニール袋などを換気口に直接当てて風量を調べる
		湿度・結露など換気不足によるサインがないか
④	収納や家事の動線などが考えられた間取りかどうか確認する	
	注文住宅	最終図面どおりになっているか
	分譲住宅 分譲マンション 中古物件	収納の数と位置、家事動線が自分たちのライフスタイルに適しているか
⑤	長期的なメンテナンスなど将来的なフォローがあるかどうか確認する	
		住宅瑕疵担保保証・地盤保証・シロアリ保証・完成保証など保証体制
⑥	オーバースペックな機能により余分な費用を払っていないか確認する	
		自分たちのライフスタイルに適しているか

著者作成

第3章

理想のマイホームを手に
入れるために――

信頼できる
パートナーを見極める

物件の良し悪しの根拠が説明できる会社がマイホーム探しのベストパートナー

マイホームを探そうという人たちは、将来どのような家に住みたいのか、家そのものに興味を抱くと思います。そこで、ハウスメーカーや工務店、不動産会社などさまざまな住宅会社のモデルハウスが立ち並ぶ、住宅展示場を訪ねる人も多いです。デザインや間取り、設備仕様など実際の建物の中に入りながら比較して参考にできるのが、住宅展示場のメリットです。

しかし、大切なことはライフスタイルに合わせた「立地・建物・価格」のバランスです。自身にとって適切な提案をしてくれるパートナー会社の候補となるハウスメーカー、工務店、設計事務所、不動産会社などの違いは正しく把握しておく必要があります。

住宅展示場に出店しているハウスメーカーや工務店は、あくまで自社の建物を売ることが仕事です。もちろん顧客にとってプロとしての知識をもって提案してくれると思いますし、他社である不動産会社と連携して土地を紹介してくれることも実際には多いと思います。それでも土地のプロではないので、土地の価値や不動産取引の流れ全体を正確に把握することは容易にはできません。そのため、顧客ごとに理想のライフスタイルに合わせた提案をするのは難しいといわざるを得ないのです。

ただ、住宅展示場でモデルハウスを出しているなかにも、不動産取引の実績が豊富な会社もあります。モデルハウスを案内してくれた各社の担当者に不動産取引もやっているか確認するのがお勧めです。もし不動産取引の経験が豊富で、土地の情報をたくさん知っているような会社があれば、家探しの相談に乗ってもらうのもいいと思います。なぜその物件が良いのか、良くないのか、根拠を説明できる会社を選ぶことがマイホーム探し成功の秘訣です。だからこそ、ハウスメーカー、工務店、設計事務所、不動産会社の違いを正確に把握しておく必要があるのです。

不動産会社ごとの違いを把握する

不動産会社には全国に営業所や支店を構える多店舗展開型と、長く地元に根ざした地域密着型の会社があります。多店舗展開型は会社が大きいことが多く、マニュアルなどの面では特にしっかりしているケースが多いです。物件の情報量が違うし、法令の変化にも敏感で、マニュアル化された接客サービスで顧客が抱える一般的な不安を解消する術にも長けています。

ここで注意したいのは、すべての多店舗展開型が同じ会社の経営ではないということです。つまり、本部の直営店かフランチャイズ加盟店かの違いです。直営店なら担当者の対応によって多少の差はあれど、どの店舗もほぼ同レベルのサービスを受けられることが多いですが、フランチャイズ加盟店だと、一店舗しか経営していない会社から複数の店舗を構えている会社まで大小さまざまです。店舗数が多いか少ないかによってメリット・デメリットがあるはずなので、どんな会社が経営しているのかを調べておくと良いと思います。

地域密着型の不動産会社のメリットはレアな物件をもっている可能性があることです。長年その地域で営業しているので地主とのつながりが濃く、インターネットのサイトに載っていない掘り出し物といえる物件をもっている会社も少なくありません。また、より地域に根差したサービスに特化しているので親身になって相談に乗ってくれて、耳寄りな情報を教えてくれる場合もあります。それだけ時間をかけて丁寧に接客してくれるともいえます。不動産の大ベテランも多く、安心して相談することができるのも強みです。デメリットは、物件量が少ない可能性があるので、選択肢の幅が少ないことです。

どんな不動産会社を選ぶべきか

マイホーム探しにおいて、不動産会社は末永いパートナーとなります。末永く付き合うことになる不動産会社を選ぶには、信頼できる対応が組織全体で仕組み化されている会社かどうかを見極めることが大切です。そのような会社を見極めるポイントがあります。

①丁寧に対応してくれる

面談時の対応一つをとっても、ただ物件を薦めてくるような話しぶりではなく丁寧さが感じられるかをチェックしてみると良いです。例えば自分だけでなく家族にも質問して意見を聞いてくれるか、現在だけでなく理想的な生活像など将来についても質問してくれるか、資金計画は無理のないものを提案してくれるかなどが判断基準です。また、不安点があった場合には金融機関の事前審査に同行してくれるか、ハウスメーカーやリフォーム業者との打ち合わせに同席してくれるかなども大事なポイントです。

さらに、これらの対応が会社のサービスとしてどの担当者も共通してできるようになっているかを確認できると良いです。

②誤認やあとで振り返れないようなことを防ぐサービス

信頼のできる会社の条件として、担当者が嘘を言ったり、ごまかしたりしないことが挙げられます。会社のサービスとして誤認がないように、契約の流れなどが口頭だけで完結せずに書面や動画で説明がある、次回の持ち物や当日の打ち合わせ内容などについて議事録をきちんと渡してくれるなど、嘘やごまかし、誤認が起こらないようにサービスとして対応ができていることは重要だと思います。

③メリットだけでなく、しっかりとデメリットも伝えてくれる

契約が欲しいあまり、自社物件のメリットだけしか提示しない会社もまったくないとは言い切れません。どんな物件にも一長一短があります。デメリットを伝えないで物件を売ってしまうと、「そんな弊害があるなんて、一言も言わなかったじゃないか」などとのちのちのトラブルに発展しかねません。メリット、デメリットをきちんと説明して、顧客

に納得してもらってから契約してもらうという姿勢であるかどうか確かめることは大切です。契約関係の書面や物件案内時などの資料にきちんとメリット・デメリットが記載されているか、されていないにしても説明がきちんとされているかなどを確認するとよいです。それが互いに長い信頼関係を継続していくことにつながります。

④正直に適正予算を伝えてくれる

家を購入しようという場合、顧客の住宅ローンの借入れ額に余裕があるからと、少しでも高く売ろうとするような会社もなかには存在します。借りられる予算と無理なく返済できる予算をシミュレーションし、きちんと提示してくれるような会社の仕組みになっていると安心できると思います。

⑤他社のことも研究している

自社のサービスがベストかどうかは他社のことを理解していないと判断ができません。他社のサービスのメリット・デメリットをきちんと説明できるか、自社のサービスのどこが顧客にとって向いているのかを説明できるかなどを確認できれば、より信頼できる不動産会社だといえます。

こんな不動産会社は要注意

一方、契約ありきで顧客のためを思う前に、より高い住宅を売りたい、仲介料を取りたいというような、選んではいけない不動産会社もあります。

①いきなり物件を紹介する

顧客から「新築戸建て、予算3000万円以内、駅近で、間取りは3LDKの物件」、「自然が多い環境に建つ一軒家で、家賃は15万円以内」などといった顧客の希望を聞き、すぐに物件を紹介する会社の話には応じてはいけません。その条件が顧客の家族構成やライフスタイルに合っているとは限らないからです。根本から間違った物件を探している可能性があるのに、安易にその提案に応じて契約してしまい、住んでみたら「こんなはずじゃなかった」という失敗談は枚挙にいとまがありません。

なぜ新築にこだわるのか、なぜ駅近がいいのか、予算は本当にいっぱいなのか、なぜ3

ＬＤＫが必要なのか、なぜ自然が好きなのか……というように、なぜ？とさまざまな疑問点を突き詰めて考え、深掘りしていくことで、顧客本人も気づいていない理想の暮らしが明確になってくるのです。その結果、例えば郊外にエリアを広げてみたり、中古物件のリノベーションをして２０００万円台で庭付き戸建ての３ＬＤＫを購入することができたりします。賃貸でも、都心にあっても緑豊かな公園のそばにあるような物件を探すといった提案もできるのです。

②条件に合わない物件ばかり紹介する

予算や間取りを伝えているにもかかわらず、なぜか見当違いな物件ばかりを勧めてくる会社もあります。こうした場合は、なかなか契約に至らず困っている事故物件や、不人気物件という可能性が高いです。なぜ、これを自分たちに推すのか理由を聞いて確かめることも必要です。また、自分自身が顧客の立場だったら契約する物件なのかを確認してみるのも一手です。

③なんでも顧客の言いなり

顧客が希望したことに対して、ウチはなんでもできます、などと言われたとおりに安請け合いしてしまうような会社だとしたら無責任で、とてもプロの仕事とはいえません。

いったんは要望を聞いたうえで、できることはできる、できないものは無理とはっきり言ってくれる会社のほうが顧客のためになると思います。

④要望を聞いてくれない

顧客が要望を出してもいっさい聞き入れないような不動産会社もお勧めできません。本来、最初から全否定するのではなく、なぜ、それが欲しいのか顧客の意向を詳しく聞いて実現可能かどうかの相談に乗ってあげるべきです。

⑤議事録を書いてくれない

顧客と不動産会社の間でよく見られるトラブルが、「言った」「言わない」の水掛け論です。ひどい場合は民事裁判にまで発展することもあります。そんな事態を未然に防ぐために、毎回打ち合わせが終わるたびに議事録を書いて、顧客に署名をもらい、情報を共有するのが理想です。顧客から言わないと議事録を書いてくれないような会社は要注意です。

⑥契約後のフォローや説明が少ない

契約するまでは説明や連絡も多く、丁寧な接客をしてくれていたのに、契約した途端に説明やフォローがなくなるような場合もあります。確かに契約や引渡しの前のほうが確認することが多い場合もあります。ですから連絡が少ないこと自体は問題ではありませんが、事前に説明はあるべきだと思います。必要な時期に必要な連絡があるかどうか契約前の段階で把握しておくことも大切です。

ハウスメーカー、工務店、設計事務所の実情

家づくりを決めた場合、どこに依頼するかが、家づくりを成功させるうえで大きなカギを握っています。依頼先には主にハウスメーカー、工務店、設計事務所（建築家）の３つがあり、それぞれにメリットとデメリットがあります。どこに依頼するにせよ、建てたあともずっと長い付き合いが続くので、単なる業者ではなく、家づくりのパートナー（伴走

者）だと認識して慎重に選んでいく必要があります。

①ハウスメーカー

《メリット》

家を工業製品化して、全国規模で販売しているのがハウスメーカーです。顧客は商品のように家を選べるので、工務店や設計事務所よりも手間や時間をかけずに家づくりを進めることができます。

広く知られているというブランド力もあり、大手ハウスメーカーで建てたというステータス感も得られます。デザインもいち早くトレンドを取り入れ、保証も充実しています。営業から設計、施工、アフターサービスまで体制が整えられ、品質や技術を高めるための研究にも余念がありません。また、社内に複数の専門部署があり、土地探しから提案できる会社も多いので、ワンストップで家づくりの相談がしやすいのも魅力です。

さらに、ホームページやカタログ、モデルハウスが充実しており、設備や動線などを実際に体感できるので、完成後をイメージしやすくなります。それぞれが得意とする工法や省エネ性能、太陽光発電システムなどの独自のセールスポイントがあるので、数社を比較してみることで、個性が見えてきます。

《コスト》

豪華な展示場の維持管理費や広告宣伝費、人件費などにかかるコストが工務店や設計事務所より高いことが多く、高級な素材を使うこともあるので、工務店に比べると割高になる場合が多いです。

ハウスメーカーが設計する家は、規格プランと自由プランがあります。規格プランはメーカーが売り出している規格型住宅で、品質とコストのバランスがとれています。オプションの素材や設備を追加すると価格に加算されます。一般的に、モデルハウスはオプションの設備を駆使した豪華な仕上がりになっているので、注意が必要です。自由プランの家は、規格を採用しない自由設計の家になるので、コストは当然跳ね上がります。

《品質》

ハウスメーカーならではの強みは品質の精度です。施工によるばらつきが少なく、最新の技術や素材を採用した家がつくれます。各社とも独自の新技術や素材の開発に力を注いでいます。また、規格住宅の部材は工場の厳しい管理体制のなかで一括生産され、大量生産によるコストの削減ができ、一定の品質が保たれています。規格化された製品を組み合わせるため、建築時に大きな狂いが生じにくいというメリットがあります。

《工期》

工法やプラン、建てる住宅規模にもよりますが、工程のすべてがシステム化・マニュアル化されているので、同じ規模の家を建てる場合、工務店や設計事務所よりも工期が短いことが多いです。

《設計の自由度》

自由に間取りをつくれる自由設計と、複数の間取りパターンや標準仕様の設備から選ぶセミオーダー（規格型）が用意されています。ただ、自由設計といっても間取りは特定のパターンに少し変更を加え、キッチンや浴室などの設備を変えたり、内装材、外壁材などは標準仕様のバリエーションから選んだりする会社が多いので、工務店に比べると自由度は低いです。とはいっても、プランはこれまで蓄積してきた豊富なノウハウを活かしたものなので信頼できます。

《アフターサービス》

定期点検や無料修理の範囲などが細かく決められています。有償のアフター工事など一定の条件をクリアすれば、最長60年の長期保証を受けられる会社も増えています。コールセンターを設け、24時間３６５日対応可能という会社もあります。

《デメリット》

最大のデメリットは広告やモデルハウス、営業などの人件費が多くかかるので、工務店よりも建築価格が高いことです。工事を追加・変更すると金額が思いのほかアップすることもあります。

また、設計や製品がメーカー規格範囲内のため制約が多く、外観や屋内空間が平均的で似たような雰囲気になりがちです。デザイン、間取りもある程度決まっている場合が多く、変形地や狭小地では建てられないこともあります。

さらに、技術力は高くても、実際に施工する建築会社などの力量によって、仕上がりに差が出ることもあります。

②工務店

《メリット》

工務店のメリットは、地域の業者の場合も多く、その場所その人に合った建築ができることです。地域密着で営業している会社が多いので、その地域の気候風土に適した建物を建ててくれます。作り手側の都合優先ではなく、顧客のペースに合わせてスケジュールを進めてくれる会社が多いです。

ただし、全国に3万社ほどあるといわれる工務店の規模はさまざまで、「中堅の地域ビルダー」「フランチャイズ加盟店」「小規模の工務店」の大きく3つに分けられます。

中堅の地域ビルダーは、地域限定のハウスメーカーともいえる規模の工務店です。総合住宅メーカーとして、自社商品を開発したり、総合住宅展示場にモデルハウスをもっていたりする場合もあります。そのため、規模によっては工務店というよりはハウスメーカーに近いと思ったほうがいい場合もあります。

フランチャイズ加盟店とは、地元の中小規模の工務店だった会社がフランチャイズ本部と契約を結んだ場合のことです。工務店単独ではできない商品開発や、部材の一括仕入れによってコストダウンできるメリットもあります。

小規模の工務店とはいわゆる「町の大工さん」で、大工のお父さんと後継ぎの子どもと職人たちによる、昔ながらの工務店です。

規格品の組み合わせで家づくりを担うハウスメーカーと違い、個々の要望に柔軟に対応してくれる、きめ細かいサービスが工務店の最大の強みです。地元の木材や自然素材など、こだわりの素材を取り入れることも多く、予算や好みに応じて自由設計の家を建てられます。設備に関しても、システムキッチンやオートバスなど、自分で選んだ設備を使いたいときに融通が利きます。完成見学会や構造見学会だけではなく、実際に住んでいる人の家を見せてもらえるOB顧客見学会を積極的に開催している会社も多く、作り手と住まい手の信頼関係の強さを感じます。

ひと昔前の工務店は、「施工力は高いけれど、デザイン性が低い」というイメージがありました。最近は建築家とコラボしたり、二代目、三代目の若い社長同士が集まって勉強会を開いたり、ハウスメーカーに引けを取らないデザイン、性能を強みとする工務店も増えています。

まずは会社のホームページをよく見て、会社のデータ（家づくりのコンセプト、代表者からのメッセージ、社員数、沿革や組織形態など）を把握し、施工事例や年間着工棟数を確認しておくことを勧めます。

《コスト》

ハウスメーカーに比べると、展示場や人件費、広告費などの経費が少ないので、設計・施工費が比較的割安です。ウッドショックとロシアによるウクライナ侵攻以降、建材や設備機器が高騰しているので、以前のようなローコスト住宅を建てられる工務店は減っていますが、予算オーバーになりそうな場合、プラン変更で対応するなど融通が利きやすいです。

《品質》

工務店の規模によって違いますが、希望に応じて複雑なプランに対応することもできます。もともと大工や現場監督経験のある社長が経営する会社が多いので、素材選びや現場での収まりなどは安心して任せられると思います。ただし、大工や職人の腕によって、品質にばらつきが生じる場合もあります。

《工期》

ハウスメーカーと比べ、同じ規模の建物を建てた場合、工務店のほうが工期は長くなります。その分、一棟一棟心を込めて丁寧につくってくれているという安心感を与えやすい側面もあります。

《設計の自由度》

顧客と一緒にコツコツと作り上げていくスタンスなので、自由度は高いです。例えば、顧客が気に入ったシステムキッチンを選べるのはもちろん、自分の体格や使い勝手に合わせてオーダーキッチンを造作してもらうことも可能です。床に無垢材を貼りたい、壁に調湿効果の高い漆喰を使いたい、ネコが快適に過ごせるようなキャットウォークを作ってほしいという希望もかなえてもらいやすいです。

《アフターサービス》

会社ごとに定期点検などアフターフォローの充実度が違います。地域密着をうたう工務店は、かかりつけ医のように、何か不具合があったときに気軽に連絡しやすい会社が多いです。

《デメリット》

ハウスメーカーに比べると、ホームページやパンフレットなどによる情報が少ないため、どんな家が建つのかイメージしにくいところがあります。また、なかには粗悪な施工を行う会社や、新しい技術に対応できない会社もあります。家族経営の小さな工務店は、後継ぎがいない可能性もあり、どうしてもメンテナンスや保証体制に不安が残ります。監理する側とされる側が同じため、施工のチェック体制が甘くなることもあります。

③設計事務所

《メリット》

人とは違う、より独創的なアイデアの家を求めるなら、設計事務所が最適といえます。建築家がそれぞれの作風でオリジナリティーの高い住まいを設計してくれるのが最大の特徴です。選んだ土地の形やサイズにも柔軟に対応でき、好みに応じて設計してもらうことが可能なので、狭小地や変形地でもオンリーワンの家が期待できます。

顧客の好みやライフスタイルに合わせた完全自由設計に加えて、ハウスメーカーにありがちな制約が少なく、さまざまな構造、工法、性能、設備、仕様を選ぶことができるのも設計事務所の強みです。外観、内装、設備、間取りなど、スミからスミまでこだわりを実現したい人には向いています。建築家が設計と現場管理を行い、施工は別の工務店に依頼するため、第三者的な立場から適正な監理をすることができます。

建築家と上手に付き合うためには、自分のセンスや価値観が近い建築家や自分の要望をきちんとくみ取ってくれる建築家を探すことが大事になってきます。家のプランは、顧客と建築家の二人三脚で練り上げていきます。好みのテイストが似通い、価値観を共有できる人のほうが腹を割って本音で話し合うことができます。建築家本人と会って話をすることで、その人となりや価値観などが感じ取れるはずです。そのうえで、自分の要望を率直に話せそうな人かを判断していきます。要望をしっかり伝えたあとは、建築家が提案してくれるプランで、自分の要望がどのように形になっていくのかを確認していきます。

《コスト》

設計事務所によって違います。手間や経費がかかりやすく、総コストが高くなる傾向にあります。一般的に建築家の設計料は建築費の10〜15%が相場といわれており、人によっては20%以上になることもあります。ハウスメーカーや工務店では、契約時点でほぼ総額が分かりますが、設計事務所の場合は契約後にプラン作成が始まり、プランが流動的になるケースもあるため、設計がすべて終わるまで費用の見積りが出せないこともあります。その後、工務店に施工の見積りを出してもらう形となるので、最終的な価格が決まるのはプランおよび図面が出来上がったあとになることが多いです。

《品質》

設計から監理まで建築のプロ目線でやってくれるので、仕上がりに落胆することは少ないといえます。設計事務所には長年付き合っている施工会社がいくつかあることも多く、設計事務所のプランの癖や特徴を理解している分、一定の品質が期待でき、欠陥住宅のリスクも低いといえます。

《工期》

設計プランによってかなり違ってきます。早いときで6カ月、遅い場合は1年以上かかることも少なくありません。設計にこだわる顧客が多い分、最終プランの完成までを急がず、竣工までに時間がかかるケースが多いのです。

《設計の自由度》

自由設計に加えて、制約が極めて少なく、さまざまな工法、設備、仕様を選ぶことができます。設計に関していえば、日当たりのいい南面にリビングを配置するのが一般的ですが、たとえ暗くても眺望が良いなどの理由から北面にリビングを配置することも可能です。ほかにも、インナーガレージハウスや中庭を囲むコの字型の家、ダイナミックな吹き抜けのある大空間・大開口リビング、スキップフロアなど、どんなリクエストも全力で応えてくれます。自由度に加えて、プロの設計士の提案で思いつかないようなプランの家にも出会える可能性が高いといえます。

《アフターサービス》

設計事務所が依頼する施工会社が行うので、施工会社の保証制度、アフターサービスについてしっかりと説明を受けて把握しておくことがポイントです。住み始めてからの不具合や修繕に関しては、建てる会社のアフターケアが重要になってきます。

《デメリット》

デザインを優先するあまり、顧客の要望を聞き入れず、「作品」を押しつけようとする建築家の場合は注意が必要です。こだわり過ぎるがゆえに工期が延びる場合もあります。遠方に住んでいる建築家だと、現場に頻繁に来ることができません。さらに建てる地域の法令や条例を知らない場合、図面ができたあとに施工できないという悲劇も起こり得ます。また、地元工務店との連携、意思の疎通が難しいこともあります。

第4章

家計の収支をきちんと把握し、
適切な住宅ローンを組む

マイホーム購入のための
資金計画

自分たちのライフスタイルと
ライフプランを踏まえて資金計画を立てる

間違いのないマイホーム選びには綿密な資金計画もポイントとなってきます。資金計画で重要なのは、初めにマイホーム取得にかけられる予算を明確にしておくことです。家族で夢を語るうちに、つい気が大きくなって「数百万円高い程度なら、なんとかやっていける」と予算オーバーするケースも少なくありません。その無理によって新生活にしわ寄せが来るかもしれません。特に、幼い子どものいる家庭は現在の生活費で払えるギリギリの範囲で住宅ローンを組んでしまうと、子どもが高校・大学と進学し教育費がかかるときになって、返済に窮することにもつながる恐れがあります。一度ローンを組めば、返済は20年、30年と長期間続きます。その間の家族のライフプランや必要な費用を確認したうえで、予算を考えることが必要です。

具体的には家族の名前と年齢を一覧表にして、進学、定年、車の買い替え時期などを書き入れてみればいつ大きなお金が必要か、定年時のローン残高はいくらかなどが見えてきます。ローンの返済期間などを考えるうえでの参考にもなりますし、漠然としたお金の不

図表14　30代子育てファミリーのライフプラン例

西暦	夫(歳)	妻(歳)	子供(歳)	予定	必要なお金
2022	35	32	5	マイホーム購入	自己資金500万円
2023	36	33	6		
2024	37	34	7	子・公立小学校入学	200万円（6年間）
⋮					
2028	41	38	11	自動車買い替え	200万円
2029	42	39	12		
2030	43	40	13	子・公立中学校入学	141万円（3年間）
2031	44	41	14		
2032	45	42	15	住宅外壁塗装など	100万円
2033	46	43	16	子・公立高校入学	156万円（3年間）
2034	47	44	17		
2035	48	45	18		
2036	49	46	19	子・国立大学入学	441万円（4年間）
2037	50	47	20		
2038	51	48	21	自動車買い替え	200万
2039	52	49	22		
2040	53	50	23	子ども独立	
⋮					
2052	65	62	35	住宅ローン完済	

出典：「はじめてのマイホーム 建て方・買い方完全ガイド」より作成、一部改変

安もなくなります。

ライフプランのなかで、支出の最も大きい時期を見据えて住宅費用を考える

マイホーム購入はライフプランに沿って考えることが大事です。上のような表を作り、住宅ローンのほかにいつ、誰に、どんな費用が必要なのかを確認し、家族で共有していきます。支出がいちばん大きい時期を見据えてローンを返済していけるプランを検討することが資金計画のポイントになります。

現在の収入と支出をきちんと把握する

マイホーム選びに使えるお金を算出するには、まず毎月の収入と毎月の支出額（家賃や生活費だけでなく、保険や車のローンなども含む）をきっちり調べることが大事です。また、毎月どれだけ貯蓄ができているのかも割り出しておきます。もし、今の収入と支出のバランスで貯蓄ができていないなら、1カ月に支払う住宅ローンは家賃を下回る金額に抑えるか、支出を見直します。毎月の住宅ローンの支払いに精いっぱいで、将来起こるかもしれないライフプランの変化に対応するためのお金がないという事態を回避したいからです。

将来予定している支出を把握する

頭の中ではなんとなく整理できていても書き出さないと明確になりづらいのが将来の収支です。一つひとつ、家族の年齢やライフイベントをイメージしながら数字に落とし込んでいくことで将来のお金の姿が見えやすくなります。

さらに、毎年の貯金額を足し算していくだけで、将来の貯金残高がどのように推移していくのかが分かるようになります。65歳時点では貯金額がいくらになるのか、お金が尽きるのは何歳のときなのか、子どもの大学の費用を払うときに貯金はいくらあるのか、などを把握することができます。もちろんすべてが予定どおりいくとは限りませんし、ライフプランが変更になることもありますが、事前に計算ができると、今からどのように貯金をしていけばいいのかが分かり、将来の不安が解消されやすくなります。

現在共働きか、または将来共働きになる予定か

最近は20代、30代の共働き夫婦がマイホームを購入するケースが増えています。夫婦が共同で住宅を購入するいちばんのメリットは、収入を合算することにより、購入予算を増やせることです。単純に倍になるわけではありませんが、予算が増えることで、選べる物件の幅も広がります。

もう一つのメリットは、住宅ローン控除を夫と妻それぞれが受けられる、ペアローンがあることです。住宅ローン控除とは年末の住宅ローン残高の0・7％を、その年の所得税から控除できる制度です（２０２３年現在）。仮に、住宅ローンの年末残高が３０００万円だとすると、その年の所得税から最大30万円が控除されます。サラリーマンなら年末調整で30万円戻ってくるとイメージすれば分かりやすいと思います。控除期間は最長13年間です。条件によってはペアローンとして夫婦で住宅ローンを組めば、メリットは増える場合があります。

「ペアローン」は夫と妻それぞれが住宅ローンを組み、返済していく方法です。これに対して、「連帯債務型」は1本の住宅ローンに対して、どちらかが主たる債務者となり、もう一人が連帯債務者となる方法です。ペアローンと連帯債務型では、それぞれにメリット・デメリットがあるため、しっかりと知識をもって慎重に検討することが必要です。

現在は共働きでも、出産・子育てを機に仕事を休むか辞める人もいます。収入は減っても、子どもと過ごす時間が増えるのはいいことですが、子育てにもお金がかかります。老後の暮らしも視野に入れておかないといけません。全体のバランスを考えて、将来の共働きの計画を想定することも大切だと思います。

住宅ローンの基礎知識

住宅ローンで気を付けるべき点は「借りられる」金額と「返していける」金額の違いです。あくまでも「借りられる」金額は目安とし、「返していける」金額を家族やマイホーム探しの信頼できるパートナーと相談して決めていくことです。最近では、年間の返済額が年収の35％ぐらいまで融資する例も見られます。しかし、「借りられる」限度額いっぱいまで借りてしまうと、いざお金が必要な時期に返済負担がかなり重くのしかかります。特に子どものいる家庭は将来、生活費や教育費が増えることを見越して、先々になっても無理なく返していける計画を立てなければなりません。

住宅ローンの種類と特徴

住宅ローン商品にはたくさんの種類があります。「今もっている口座と同じ銀行で手続きすればいい」と安易に決めないことが肝心です。なぜなら、商品によって金利が異なり、金融機関によっても得意、不得意の分野があるからです。例えば、自営業の人は事前審査に通りにくいといわれますが、通りやすい金融機関もあります。金融機関を選ぶ際は、まず自分の利用する金利タイプを決めて、そのタイプを得意とする金融機関を選ぶことが大切です。

住宅ローンは取り扱う金融機関によって、政府系金融機関による「公的ローン」と、都市銀行など民間の金融機関による「民間ローン」、その中間に位置づけられる「準公的ローン」の3種類に分けられます。以前は、金利が固定されていて安定的に返済ができる公的ローンを優先して考える傾向がありましたが、「財形住宅融資」が5年ごとに金利を見直す5年固定金利型のため、金利や返済の安定感という面でのメリットが少なくなっています。

準公的ローンの「フラット35」は、民間金融機関と住宅金融支援機構が提携して扱っています。最大の特徴は、35年間ずっと金利が変わらない全期間固定金利で、金利は金融機関によって異なります。一言で「フラット35」といっても、そのなかにも省エネルギー性、耐震性に優れた住宅には「フラット35」の金利を一定期間引き下げる制度「フラット35S」などもあり、物件によっても適切な住宅ローン商品の選択は異なります。

実際に利用している人が最も多いのが、銀行や信用金庫などの民間ローンです。民間ローンの中心は変動金利型のローンで、金利優遇により、0・5%を切るようなローンも多く、各社が低金利の魅力を前面に打ちだしています。融資の条件が比較的緩やかで借りやすいのが特徴で、育児休業付きローンや退職金一括返済ローンなど金融機関ごとに特色があります。

このように、住宅ローンにはそれぞれ特徴があるので、よく見極め、自分たちのライフプランに合ったものを選んでいくことが大事です。

金利タイプの種類

住宅ローンを選ぶ基準の一つに金利があります。金利が低いほうがいいと考えがちですが、必ずしもそうではありません。住宅ローンはちょっとした金利や条件の差で返済額が何百万円も違ってきます。

住宅ローンの金利には「全期間固定金利型」「変動金利型」「固定金利期間選択型」の3種類があり、どのタイプを選ぶかによって総返済額が変わります。現状、金利が半年ごと

図表15　全期間固定金利型

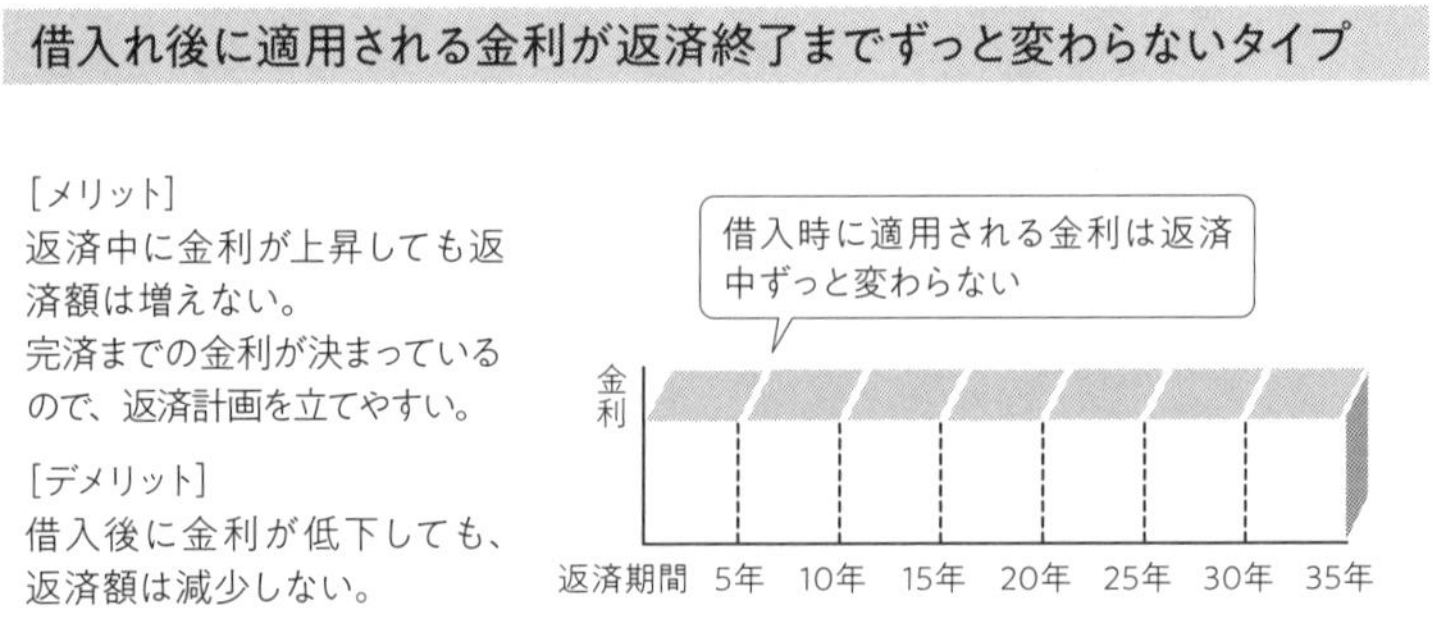

借入れ後に適用される金利が返済終了までずっと変わらないタイプ

出典：「ie・bon」（いえぼん）を基に作成、一部改変

に見直される「変動金利型」が最も金利が低く、「固定金利期間選択型」は期間が長いほど高めで、ローン完済まで同じ金利が続く「全期間固定金利型」はほかの2つより金利が高いです。

①全期間固定金利型

金利がずっと変わらないので返済額の変動がなく、返済期間を通じて安心して返済できるのがメリットです。ライフプランを立てやすく、現在より金利が高くなっても安心です。デメリットは、変動金利や固定金利期間選択型よりも金利が高めで、現在より金利が低くなっても、高い金利で返済し続けなければなりません。

図表16　変動金利型

金融情勢の変化に伴い、返済の途中でも金利が変わるタイプ

[メリット]
借入後に金利が低下すると返済額も減少する。
最初の５年間の返済額は変わらず、６年目の新返済額も旧返済額の1.25倍が上限。

[デメリット]
借入後に金利が上昇すると返済額も増加する。返済計画に安定性がない。
金利が急上昇した場合、未払利息が残る場合がある。

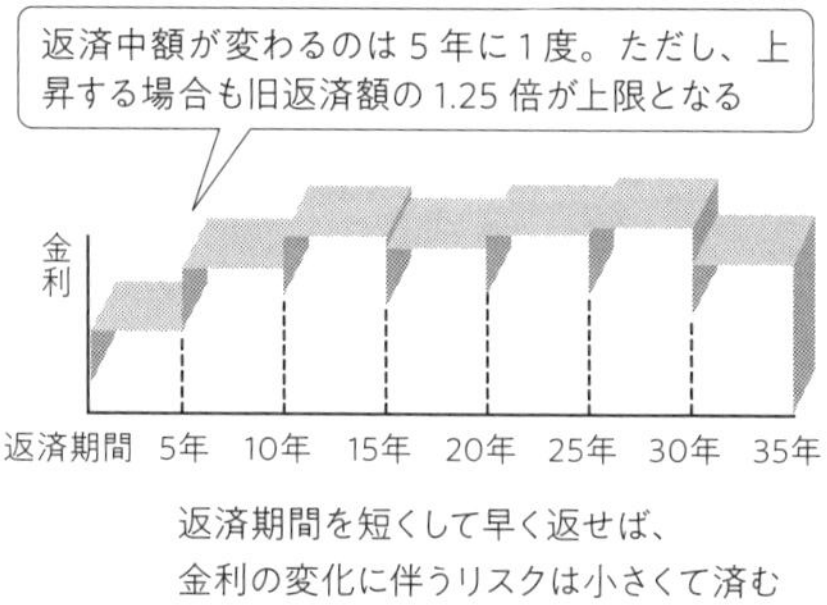

返済期間を短くして早く返せば、
金利の変化に伴うリスクは小さくて済む

出典：「ie・bon」（いえぼん）を基に作成、一部改変

②変動金利型

返済期間中、金融情勢に応じて金利が常に変動します。通常、半年ごとに金利の見直しがありますが、返済額の上昇には限度が設けられています。メリットは、金利が下がった場合、返済額のうちの利息部分が減るので、借入元金の減りが早くなることです。デメリットは、金利が上がった場合、利息部分だけで返済額を上回り、未払利息が発生する可能性があります。

図表17　固定金利期間選択型

［当初○年間○%］など、一定期間に固定金利が適用されるタイプ

［メリット］
固定金利期間中は返済額が変わらない。

［デメリット］
変動金利と比較すると金利が高い。
借入時に期間終了後の返済額が確定しないので、返済計画を立てにくい。

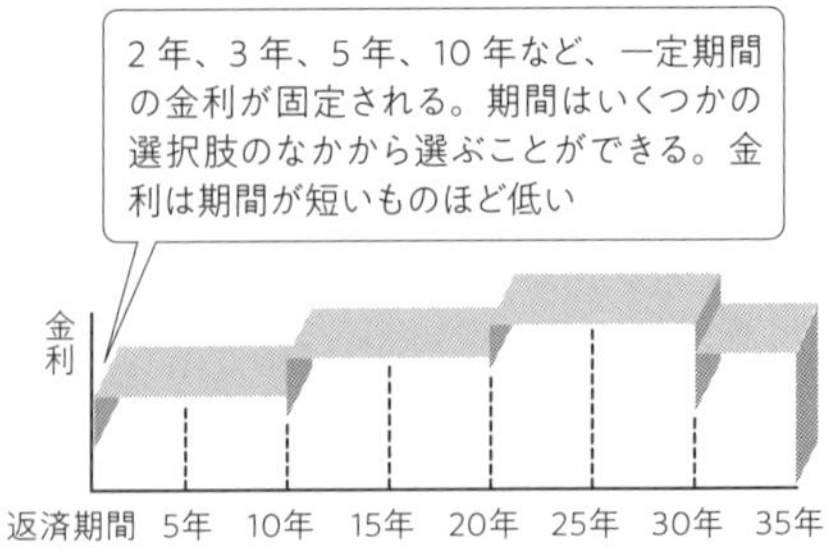
2年、3年、5年、10年など、一定期間の金利が固定される。期間はいくつかの選択肢のなかから選ぶことができる。金利は期間が短いものほど低い
金利
返済期間
5年
10年
15年
20年
25年
30年
35年

出典：「ie・bon」（いえぼん）を基に作成、一部改変

③固定金利期間選択型

返済期間のなかで2・3・5年など、一定期間のみ固定でその後は固定か変動かを改めて選択できるタイプです。固定金利期間を長く設定するほど金利は高くなります。メリットは、金利優遇商品が豊富で、低金利の商品が多いことです。デメリットは、変動金利と比較して金利が高いことです。

全期間固定金利型、変動金利型、固定金利期間選択型のどれを選ぶべきかは、家計の状況によって変わるので一概にはいえませんが、金融機関から言われたとおりにするのではなく、自分の支払い能力やライフプランに応じて金利のタイプを選ぶことが大事です。

購入時諸費用を把握する

住宅ローンは金利ばかりに気を取られてしまいがちですが、事務手数料や保証料、団体信用生命保険料などの諸経費もチェックが必要です。選ぶ金融機関やローン商品などによって、同じ住宅ローンでも金利と諸経費の金額がまったく異なります。いくら金利が安くても、諸経費が多額になると結果的に総支払額が高くなる場合もあるので注意が必要です。

ローン借入時に加入する団体信用生命保険

住宅ローンを借入れるときはたいてい団体信用生命保険に加入します。債務者が死亡もしくは高度障がいになった際に保険金がおり、住宅ローンの支払が免除される場合があります。しかし、医療技術が進歩し、三大疾病などかつては不治の病とされたのが早期の発見と治療により治癒するケースが増えています。そこで新たに生じるのが、長期治療中に住宅ローン支払の負担に耐えられなくなることです。そのため、ここ数年増えているのが疾病保障付き団体信用生命保険です。なかにはガンなどの疾病が診断確定しただけで保険金がおり、住宅ローンが相殺される保険もあり、リスクに備える保障として注目してほしいと思います。

保険料にあたる上乗せ金利がいくらか、その際、保険金がおりる条件がどういったものか、この2つを見極めていくことがポイントです。

住宅ローンの返済方法

住宅ローンの返済方法も選ぶ必要があります。返済方法は、一般的に「元利均等返済」か「元金均等返済」のどちらかになります。それぞれの特徴を理解し、返済計画に合った方法を選ぶことが大事です。

・元利均等返済

元利均等返済は、元金と利息を合計した返済額が変わらない返済方法です。毎月の返済額が変わらないため、計画的に返済することができます。ただ、元金の減りが元金均等返済と比べて遅いため、総返済額は多くなります。

・元金均等返済

元金均等返済は、元金部分の金額は変わりませんが、利息額は元金に応じた金額を返済します。利息額は元金が少なくなるほど減るため、借入当初は返済額が多く、返済が進むにつれて返済額は減少します。総返済額は元利均等返済より少なくなるため、借入当初の返済額が負担でなければ、元金均等返済のほうが有利です。ただ、元金均等返済を取り扱っていない金融機関もあるので確認が必要です。

繰り上げ返済や借り換えで負担を減らす

住宅ローンは長期間に及ぶので、その間に経済情勢が変わったり、自分のライフプランが予測と大きく変わったりしてしまうこともあり得ます。その際は、住宅ローンの見直しをすることもできます。

まず知っておいてほしいのが、繰り上げ返済で、毎月の決まった返済とは別に、先々返済する元金の一部を前倒しして返すことです。支払うはずだった利息が支払不要になるので、総返済額が減額されます。

繰り上げ返済には、返済期間が短縮する「期間短縮タイプ」と、毎月の返済額を減らせる「返済額軽減タイプ」の2種類があります。期間を短縮し、支払う利息を減らし、総返済額を減らすのが「期間短縮タイプ」、総返済額は変わらずに月々の返済額を減らすのが「返済額軽減タイプ」です。月々の返済に余裕があるなら、総返済額を減らせる「期間短縮タイプ」が良いです。個人的には、超低金利の今、無理して繰り上げ返済をしなくても、そのお金をほかのことに使うほうが豊かに暮らせるのではないかと思います。例えば、子どもたちが独立して夫婦二人の暮らしになるとき、広い家を売却して、都心のマンションに住み替える際の不足分に充てるのも良いです。

また、現在の金利が高い、今後金利が上昇しそうな予感がする場合は「借り換え」を検討しましょう。借り換えとは、新たな金融機関で条件のいい新しいローンを組み、従来のローンを一括で返済する方法です。借り換える際には、条件の合うローンを調べ、ローン審査を経て契約するなど、手間と手数料がかかりますが、条件次第では総返済額や返済期間を減らすことができます。

どれも今すぐには関係なくても、知識として覚えておいて、必要なときに利用すると良いと思います。

ボーナス返済の有無

ローンの返済方法には、毎月同じ金額返済する「毎月均等返済」とそれに加え半年に一度など増額して返済する「ボーナス返済併用」があります。住宅ローンのボーナス返済のメリットは、月々の家計への負担を少なくできることです。例えば、3500万円の住宅ローンを金利1・2％で35年間借入れた場合、月々の支払額はボーナスなしで約10万2100円、ボーナスあり（年2回、20万円）で約6万8000円と、およそ3万円もの差が出ます。こうしてみると、少しボーナス月の出費や貯蓄を充てることができれば、月々の出費を抑えることができるし、ベストなのではないかと思いがちです。

しかし、ボーナス返済にはデメリットもあります。ボーナス返済なしよりも、ボーナス返済ありのほうが、総返済額が大きくなってしまうのです。そして、忘れてはならないのがボーナスは変動する可能性があるということです。ボーナスは必ず年2回支給されるとは限りません。勤務先の業績が悪い年は減額または支給されないこともあり得ます。またボーナスは、景気や企業業績の影響を受けやすいものです。あてにし過ぎると、返済が続けられなくなるリスクが高まることがボーナス払いの大きなデメリットです。

住宅ローン控除や税控除を利用する

マイホーム購入に際しては、さまざまなサポート制度が用意されています。特に注目してほしいのが住宅ローン控除です。住宅ローンを組むと数年間にわたって年末の住宅ローン残高の一部の金額が、所得税・住民税から控除されるというものです。入居した翌年に税務署に確定申告をすると、会社員の場合は所得税から控除額分が戻り（還付）、自営業者などは支払う所得税から控除額を差し引けるのです。一度申告をしておけば、減税が適用される期間は毎年控除を受けられ、税金が戻ります。

２０１９年の消費税増税に伴い、控除期間が13年に延長されるなどの緩和策が取られていましたが、政府は２０２２年度の税制改正で制度の内容の見直しを発表し控除率を一律

０・７％に引き下げ、控除金額を13年間にするといった措置を講じました。住宅の省エネ性能などに応じて、ローン限度額の優遇が受けられることもあれば、今後要件として省エネ基準の必須化なども進んでいますので、制度の動向を把握することが重要なポイントです。

また、住宅購入資金の一部を親が援助してくれるなら、最大５００万円まで贈与税を非課税にする制度もあります。さらに、耐震や断熱性能の高い長期優良住宅であれば、これが最大１０００万円になります。各種制度をきちんと理解したうえで、資金計画を立てていくことが大切です。

自己資金と住宅ローンの割合

「マイホームを購入するとき、自己資金（頭金）はいくら必要ですか？」とよく聞かれます。住宅雑誌やＳＮＳには、物件価格の１～２割を充てるのが理想と書いてあります。確かに、自己資金をいくら払うかは総支払額に影響してきます。ただ、自己資金を多く払ったからといって、手元に現金が残らないと、日々の生活をするうえでの支払に影響も出ますし、不測の事態にも対応することができなくなります。

実際、戸建ての自己資金はいくらぐらい支払われているのかというと、フラット35利用者調査の2022年度データによると、注文住宅では総額に占める手持ち金の割合が17・3%と高いのですが、建売住宅、中古戸建てでは1割程度となっています。特に建売住宅は8・5%と低い傾向にあります。おそらく、土地付きの注文住宅は持ち家を建て替えるケースが多く、十分貯蓄をしてから家を建てているのではないかと考えられます。

自己資金を多く払えば、ローンの借入額が少なくなるので月々の返済額が少なくなったり、返済期間も短くなったりするのはメリットといえます。金融機関によっては自己資金の有無で金利に差を設けているところもあります。

現在、住宅ローンの金利は過去の歴史からみても低いレベルにあり、トータルの返済額が抑えられているので、住宅ローンを利用する側としては借りやすい状況が続いています。銀行も住宅ローンの融資に積極的になっていることから、条件によっては物件価格の100%をローンで組めるケースもあります。

自己資金をどうやって捻出するか

今の長期金利の状況を考えると、自己資金がないからといって、貯金してから購入するのが必ずしもベストとは思えません。２０２３年現在はまだかなりの低金利が続いているものの、世界的にインフレ傾向は強まっていて欧米では金利は以前に比べると相当上がっています。今のところ日本は低金利が続いているものの一部では上昇傾向がみられ、今後日本銀行が金利引き上げに踏み切れば、自己資金が貯まった頃にはさらに金利が上昇している可能性もあります。そしてなんといっても、自己資金をコツコツと貯めている間に、欲しい物件はどんどん売れてしまっているということを忘れないでほしいと思います。

適切な住宅ローンの判断をする

・何歳までに完済すべきか？

住宅のローンを組むにあたっては年齢により制限があります。各金融機関は住宅ローン借入時や完済時の上限制限を定めています。借入時の上限年齢を70歳、完済年齢の上限を80歳までに設定している金融機関が多く、いずれも高い上限年齢といえます。しかし、実際に70～80歳になっても住宅ローンの返済を続けていくことは現実的ではありません。定年後のセカンドライフを楽にすることを考えると、やはり会社勤めであれば、定年退職する年齢までに住宅ローンの全部または大半の返済を終えておくのが理想的といえます。

では、実際に住宅ローンはどのくらいの年齢で完済している人が多いのかというと、国土交通省の２０２２年度「住宅市場動向調査」によると、戸建て、マンションの形態にかかわらず、返済期間は30年程度が多いことから、30代に住宅ローンを組み、完済年齢は60代というのが平均的なパターンと考えられます。年齢や返済期間などによって、毎月の返済額や総返済額は変わってきます。購入したい物件の金額が高い場合や、返済期間が短くなれば単純に月々の返済額は増えます。ただし、自己資金を多めに用意する、夫婦共働きで生活費を稼ぐ、無理な住宅ローンを組まず、きちんと返済できる物件を選ぶなど、余裕のある返済プランを立てることはできます。大切なのは、年齢だけでなく、収入に対してどのぐらいのお金をローン返済に充てるのかを考えることです。ローン返済で毎月10万円支払うといっても、その負担感は収入やその他の支出によって違います。毎月の生活費や将来必要になるお金などを考えて、適切な支払ができるように計画を立てることが大事です。

・借りる名義

マイホーム購入時に組む住宅ローンを夫または妻の単独名義にするか、夫婦の共有名義にするかで迷っている人もいると思います。共有名義にすると借りられるローンの金額が増えたり、夫婦で住宅ローン控除を受けられたりしますが、妊娠や出産、転職などでどちらかの収入が減った場合、ローンの負担が大きくなってしまいます。

住宅ローンでの共有名義と単独名義の最も大きな違いは、住宅ローンを2人で組むか、1人で組むかという点です。住宅ローンを組む際に必要となる家の購入資金を夫婦どちらか一方が負担したなら負担者の単独名義となり、夫婦互いに協力して購入資金を負担したのなら共有名義になります。

所有権においては、住宅ローンを単独名義で組んだ場合は家の所有権すべてを出資者が享受し、共有名義で組んだのであれば夫婦それぞれの負担金額に準じた所有権（共有持ち分）が双方に与えられます。

夫婦の住宅ローンの名義は、夫または妻の単独名義・連帯保証型の収入合算・連帯債務型の収入合算・ペアローンの4パターンがあります。

①夫または妻の単独名義

ローンの借入額を審査するにあたり、対象となるのは1人なので、4つのパターンのなかで借入の上限額は最も低くなります。ローンの名義人が死亡したり高度障がいになったりしたとき、ローン残債の返済を免除してくれる団体信用生命保険に加入するので、もしものときでも配偶者に債務は移行しません。配偶者が将来的に仕事を続けるか分からない、または共有の名義で住宅ローンを組まなくても予算が十分ある人に向いています。

②連帯保証型の収入合算で住宅ローンを組む

夫または妻の収入だけでは予算が足りない場合は夫婦で収入合算すればローンが通る可能性が高まります。金融機関にもよりますが、連帯保証型の収入合算は配偶者の収入を100%とみなさず、50%ほどが審査対象になるところが多いです。夫の返済が滞った場合は、夫が名義人であれば債務は保証人である妻に移行します。団体信用生命保険は、債務者である夫のみ加入できます。妻が死亡、高度障がいになっても、夫の債務はなくならないので注意が必要です。配偶者が正社員でない、正社員を続けていくか分からない、あと少しで名義人の収入が足りずに住宅ローンが通らない人に向いています。

③連帯債務型の収入合算で住宅ローンを組む

②との違いは、夫婦どちらも債務者の1人になるという点です。そのため、連帯債務型は夫、妻とも年収の100%まで合算可能になる場合もあります。つまり、「ローンを2

人で協力して返済していける」のが特徴です。ローンの契約数自体は1本ですが、夫婦それぞれがローンを負担するので、夫も妻も自分の家の持ち分をもつことになります。また、負担する分を両者別々の口座から引き落とすことも可能です。持ち分が共有になるので、住宅ローン控除も夫婦それぞれ受けることができます。ただし、団体信用生命保険に加入できるのは基本的に1人のみであるため、配偶者の負担割合が連帯保証型より大きくなる分、万が一の際のリスクもあります。配偶者にも安定した収入がある、配偶者の負担割合が少ない、家の名義を夫婦共有にしたい人に向いています。

④夫婦でペアローンを組む

夫と妻が完全に別の住宅ローンを組むというパターンです。連帯債務者ではなく、両者が債務者になるということで、連帯保証人はお互いが担うことになります。収入合算との大きな違いは、ローンの契約数が2本になることです。そのため、ローン手数料などの諸経費も2倍、契約の手間も2倍になります。ただし、それぞれが異なる返済期間でローンを申し込めるのはメリットといえます。妻が10年後も正社員で働いているか分からないという場合は、夫の返済期間を最長の35年にして、妻の返済期間は10年にする、といったことも可能です。最大のメリットは、夫も妻も団体信用生命保険に加入できることです。つまり、夫や妻のどちらかが万が一亡くなってしまったとしても債務が配偶者に移行することなく、互いに自分の債務だけを返していけばよいのです。持ち分も互いの負担に応じて有するので、住宅ローン控除もそれぞれ受けることができます。夫婦ともに安定した収入があり、離職する予定もない、夫婦ともに団体信用生命保険に加入したい、家の名義を夫婦共有にしたい人に向いています。

これらのパターンのどれがいいとは断言できませんし、ほかにも親子ローンなども考えられます。ただ、「配偶者の収入を合算すればこの家が買える!」といって、安易なローン選択と借入額を決定するのは賢明ではありません。住宅ローンの名義を考えるときに大事になってくるのは夫婦それぞれの雇用形態です。「専業主婦で収入合算」「パート社員でペアローン」は無理があります。住宅ローンは35年の長きにわたって返済していくものです。現在は安定した収入が夫婦両方にあったとしても、将来の収入や雇用形態がどうなるかまで考えてローンを選択するべきだと思います。

どの住宅ローンを選び、どのように組んで、どのように支払っていくかは家族の収入やライフプランによって異なります。空前の低金利時代が続く今こそマイホーム購入のチャンスとはいいながら、いつまでこの状況が続くのか分かりません。ですから、金利の動向については日々アンテナを張り、夫婦で気にしておいてほしいと思います。

第5章

ライフスタイルに合った
家選びで
理想のマイホームを
手に入れた家族

これまでにも多くの家族が、ライフスタイルに合わせた家づくりを行うことで理想のマイホームを手に入れています。

①想像もしなかった中古戸建て×リノベーションでデザインにもこだわった理想のマイホームに

長男が小学校に入学するタイミングに合わせて、マイホーム購入を検討していたSさんは盆休みに夫の実家に遊びに行った際、両親にその話をしたところ、ちょうど実家も老朽化が進み、雨漏りが気になっていたので、この機会に二世帯住宅に建て替えて一緒に暮らすのはどうだろうと提案されました。建築費用も両親が援助してくれるということで、自分たちの予算を抑えることができるし、高齢の両親も毎日孫の顔を見ながら暮らすことで新しい生きがいを見つけられるので、互いにとってこんなにいい話はないと、そのときは誰もがそう思っていました。

さっそく、夫の両親と一緒に総合住宅展示場に足を運び、数社を見比べた結果、デザインと性能で定評のある某大手ハウスメーカーでプランを考えてもらうことになりました。最初は順調に打ち合わせが進んでいましたが、間取りの話になると、妻と義母の意見が衝突する場面が多くなり、なかなか話が前に進まなくなりました。妻は互いに干渉しないよう玄関も水回りも別々の完全分離型にしたいと望み、一方の母は、それなら一緒に暮らす意味がないから、すべて共有にするべきだと譲りません。結局、二世帯住宅に建て替える話は白紙になり、夫婦は自分たちで土地を探すことになったのです。

彼らは全国で多数の店舗を展開し、SNS広告でもよく見かける不動産会社を訪ねました。予算は土地と建物を合わせて3500万円以内で、できれば新築の注文住宅を建てたいという夢をもっていました。夫の実家の近くだけは避けて、長男が通うことになる小学校から徒歩圏内のエリアで土地を探すことになりました。

そのエリアで新築するとなると、注文住宅で6000万円、建売住宅で4500万円からが相場なので予算が足りません。しかも、妻はデザインと間取りへのこだわりが強いため、建売住宅では要望をかなえることが難しい状態です。予算を考えると、中古住宅か中古マンションも検討するべきですが、中古＝古いというイメージがあり、メンテナンスに対する不安も大きいからと妻の選択肢には入っていませんでした。エリアをもっと広げて土地代を抑えるか、あくまでもエリア最優先で中古物件を探すか、二者択一の岐路に立たされました。そう悩んでいる間にも、良い物件はどんどん売れていってしまいました。

不動産会社は、「中古物件＋リフォーム」のプランを提案し、希望するエリアと妻の要望の両方をかなえられることを説明しました。妻に見せてもらった理想のイメージ画像や要望を営業スタッフが細かくヒアリングし、同社のリフォーム部と協力してイメージパースと見積りを作りました。その結果、妻の理想に近い物件がエリア内にある「中古物件＋リフォーム」で実現できること、さらに、注文住宅の3分の2の予算でかなえられることが判明しました。最初は半信半疑だった妻も営業スタッフからその話を聞いて前向きになり、夫と相談して契約することにしました。

しかし、打ち合わせを重ねたものの、中古住宅をリフォームしてどのような仕上がりになるのか、図面を見てもピンときません。そこで、不動産会社の店舗併設のリフォーム体験型ショールームに行き、実際にリフォームした空間を見て、体感することになりました。ショールームに行くと「え、これで本当にリフォーム？」と妻は驚きを隠しきれません。完成後のイメージをつかむことができたところで素材や色などのすり合わせをしました。

中古物件を見てもらう際、リフォーム部のスタッフが同席して夫婦と打ち合わせました。水回りの変更や外壁材の交換、外構の追加工事など、直接現場を見ながら進めることで夫婦の不安を解消し、安心につながりました。

リフォーム工事を終え、美しく再生した戸建て住宅に入居したSさん家族は春から小学1年生になる長男がピカピカのランドセルを背負って、広いリビングを走り回っています。想定した予算からは500万円ほど増えたけれど、無理のない返済計画で結果的に希望するエリア内で満足度の高い家を購入することができました。引渡しから数カ月後、「私たちには想像もつかなかった新しい視点を提案してもらえたおかげで、希望どおりの家を購入することができました。新築の注文住宅だけが選択肢ではなかったことを住んでみて改めて実感しています。今、最高に幸せです。御社に出会っていなければ、マイホームを買うことなどできなかったかもしれません。本当にありがとうございました」と妻は感謝の手紙を書きました。

②人気の学区で平屋にこだわりたい家族はまさかの中古マンション×リノベーションを選択

30代・共働きのYさん夫婦には3歳と1歳の女の子がいます。2LDKのアパート住まいで、長女が小学校に上がる前までに家を購入したいと考えていました。夫婦ともに小学校の教師をしていることもあり、できることなら子どもたちを治安のいい、教育環境の充実した人気校に通わせたいという夢をもっていました。

夫婦からは、人気学区に注文住宅、できれば階段の上り下りがない平屋を建てたいという要望がありました。予算は土地と建物を合わせて5500万円以内、間取りは3LDK以上、駐車場は1台以上、駅まで徒歩15分以内が理想でした。

これらの要望をすべてかなえるためには、少なくとも55坪以上の土地が必要になってきます。人気学区の土地の相場が坪単価60~70万円なので、土地代だけでも3300~3850万円以上します。建物本体の建築費が概算で約3000万円前後かかるので、合わせると6300万円以上になり、完全に予算オーバーです。そもそも、駅から15分以内のエリアに55坪以上の土地はまず、なかなか出てきません。

そんな説明をしたうえで、不動産会社は「2階建ての注文住宅」「建売住宅+追加工事」「中古マンション+リノベーション」という3通りの案を出しました。なかでも、マンションなら階段なしの生活が可能になるし、リノベーションで室内を希望の間取りや設備に変更することができます。また、マンションは駅近に多数の物件があるので、15分圏内をかなえられる可能性も高いといえます。

中古マンションもリフォームもまったく選択肢になかったので、最初は戸惑いを隠せなかった夫婦ですが、不動産会社の店舗併設のリフォーム体験型ショールームを案内してもらい、これまでの施工事例も見せてもらったことで仕上がりのイメージをつかむことができました。そして、間取りや設備へのこだわり、理想のライフスタイル、趣味などをヒアリングし、リフォーム部署のスタッフとも共有して、後日プランと見積りを提案することになりました。ただ、夫婦が不安に感じていたのはリフォーム工事の場合、柱や梁を抜けないなどの制限が多かったり、理想を追い求めるうちに予算オーバーしたり、解体を進めていたらあとになって金額が上がったりするのではないかということでした。

そうした不安に対して、不動産会社が提案したのが施工面積に応じて金額が決まる「定額制リノベーション」のパックでした。最初から価格が明確で分かりやすく、選べる範囲も多く、設備のグレードアップや、床やキッチンなどを既存のまま使うことで減額できるレスオプションなど、パック商品にもかかわらず、自由度が高いのが魅力で、提案を聞いて夫婦は安心して契約することにしました。

中古物件の購入はスピードも非常に大切です。不動産とリノベーション、別々の会社に相談している間にも欲しい物件を買い逃すこともあります。この不動産会社には不動産とリノベーションの両方のプロが在籍しているため、物件の紹介とデザイン・間取りの提案が一気にでき、気に入った物件を誰よりも先に購入できるチャンスが多く、これも夫婦にとって安心材料になったそうです。

Yさんは短期集中の打ち合わせを経て、3280万円で中古マンションを購入しました。定額制リノベーション＋オプション工事で1200万円の追加工事を実施した結果、間取りは4LDKから3LDKに変更してリビングを拡張し、土間収納や、畳が床より高い位置にあり収納もできる小上がり畳、壁付けの棚などを造作して、不安だった収納不足も解消しました。さらにフローリングとクロスを貼り替え、キッチン、浴室、トイレ、洗面、給湯器などもすべて新しい設備に変更したのです。不動産会社と提携するショップで家具・家電もセットで購入し、トータルにコーディネートしました。合計４４８０万円で、当初の資金計画よりも借入金額をかなり抑えることができました。

ちなみに、購入時の諸経費が３００万円、毎月の管理費、修繕積立金の合計が約２万１０００円であり、毎月の支払いも想定し、資金計画全体をきちんと行えています。マンションを購入する際にネックとなる駐車場は敷地外になりましたが、徒歩２分の場所に月極で借りることができました。敷地内駐車場の募集が出たタイミングで適宜応募していく予定ということです。

人気学区で平屋の注文住宅を建てるのは予算的に厳しかったのですが、中古マンション＋定額制リノベーションで、優先順位の最も高かった「階段の上り下りがない生活」を希望エリア、希望の予算で手に入れることができて、快適に暮らすことができています。

③画一的なイメージの建売住宅も新築×リフォームで理想のマイホームに

7歳と4歳の子どものいるNさん夫妻は子どもたちが大きくなってきて、個室を割り振りたいけれど、住んでいる2LDKのアパートでは部屋数が足りませんでした。夫も33歳になり、年齢的にもそろそろマイホームを購入する時期かなと、漠然とした動機がきっかけでした。

不動産会社の営業スタッフがヒアリングをすると、土地は所有しておらず、子どもの小学校区優先で注文住宅を建てたいとのことです。予算は総額で4200万円以内に抑えたい（月々の支払は11万円以下、自己資金0円、ボーナス返済0円、変動金利0・5％）、おしゃれなLDKとバーベキューができる広い庭が欲しいという要望がありました。

夫婦が希望するエリアの坪単価は45万円前後で、駐車台数2台以上、20畳のLDK、庭などの条件をかなえようとすると最低でも40坪以上欲しいので、40坪×45万円で1800万円前後が土地代の相場になります。ただその当時、ちょうどいい大きさの土地やちょうどいい形の土地が希望エリアにはありませんでした。

スタッフが建売住宅の購入を提案したところ、建売は性能も設備仕様も安価な感じがするので考えていないという回答でした。しかし、土地代、付帯工事費用、建築費用、外構工事費用、諸経費を考慮すると、注文住宅で４２００万円に抑えるのは現実的に厳しいものがありました。土地代を抑えようと、１５００万円の土地を希望エリア内で探しましたがありませんでした。どうしても新築にこだわるなら、断熱・耐震・換気などの性能を少し妥協してローコストのハウスメーカーで建てる方法もあります。ですが、夫婦は人生で最大の買い物なので妥協はしたくない、不動産会社になんとかしてほしいと、そんな願いがひしひしと伝わってきました。

夫婦の思いに応えようと、まず不動産会社の担当者は店舗併設のリフォームショールームに夫婦を案内して好きなテイストや採用したい内容を営業、リフォーム部のスタッフと共有しました。建築費用の高騰が続くなかで新築の建売住宅を購入し、追加でリフォームする人が増えている現状を説明して、実際にどのような施工事例があるのかを見てもらいました。

さらに、希望するエリアの土地相場を伝え、土地や建物が市場に出てくる仕組みを説明しました。例えば、100坪以上のまとまった土地を一般の買い主はなかなか購入できないので、ビルダーと呼ばれる建築業者が相場よりも安く交渉して購入し、3区画などに細かく分筆して建売住宅を建てているのが現状です。だから、土地相場と大きくかけ離れた物件は市場に出てきにくい仕組みとなっているのです。

続いて、夫婦が妥協できないという住宅性能について、夫に詳しくヒアリングしました。話を聞くうちに、建売住宅はどれも性能があまり良くないというイメージをもっていたことが分かりました。しかし、実際のところ最近の建売住宅は耐震・断熱・気密・換気性能がかなり上がっており、注文住宅に見劣りしない性能を担保している会社も存在します。ちょうど、夫婦が相談を持ちかけている不動産会社は建売住宅に力を入れており、通常の建売住宅では基本的に実施しない気密測定を全棟で実施し、設備仕様にもこだわっていることを説明し、納得してもらったのです。

建売住宅が選択肢に加わったことで、希望エリアで物件を見つけることができ、予算内で追加工事やリノベーションもできました。ＬＤＫに調湿・消臭効果の高い内装壁タイルを採用し、空間をおしゃれに演出する間接照明を設置しました。天井の見せ梁や壁掛けテレビ、キッチンに折り下げ天井などを施し、また、提携するショップの家具パックによるトータルコーディネートもして、夫婦の理想とするＬＤＫをカスタムメイドすることができたのでした。

さらに、太陽光発電システムの採用により、売電や自家発電消費額を加味すると、当初予定していた毎月の資金計画（月々11万円）よりも安く抑えることができました。同じ不動産会社が物件探しとリフォームを同時にやってくれたので時間のロスもなく、いい物件を早く購入することができたと夫婦は感激しています。

④仕事、家族、エリア、広さ、どれも譲れない……
定額リノベーションを利用して希望も予算もすべてクリア

4歳と2歳の娘のいる30代のKさん夫妻は夫の自営業が4年目を迎え、確定申告書が3期分そろったのを機にマイホームを購入しようということになりました。妻が難病を患っていたこともあり、できるだけ早めに購入しようと夫婦で話し合っていたそうです。

さっそく、地元や隣県でたくさんの直営店舗をもつ不動産会社を訪ねることにしました。営業スタッフがヒアリングをすると夫が左官業を営んでいるだけあって外観へのこだわりが強く、仕事でトラックを使うため、広い駐車スペースを確保したいという要望がありました。また、庭でバーベキューをしたい一方で、近隣トラブルを回避するために、隣家との距離が近くないほうがいいという希望がありました。

総額4000万円で注文住宅を建てたいと望んでいたKさんにとって、トラックを停められる駐車場や広い庭を確保するためには50坪以上の土地が必要になり、しかも、希望するエリアでは50坪以上の土地は売りに出ていませんし、坪単価は40万円前後が相場なので、土地代だけで2000万円はかかります。夫の希望をかなえるためには、①予算を増やす、②土地の大きさを我慢する、③安価な仕様の家を建てる、という案を検討せざるを得ませんでした。

しかし、夫婦は3案のどれにも納得できず、マイホーム選びに妥協したくないと主張しました。ただ現実は厳しく、50坪以上で安い土地を探すと、該当物件がほぼないし、建売住宅は物件こそ多いものの、隣との距離が近くて庭もほぼないので夫婦の希望からは外れます。予算的に考えても、土地と建物、諸経費まで込みで注文住宅を４０００万円以内で建てるのは難しいのです。

途方に暮れていた夫婦に対して不動産会社は店舗併設のリフォーム体験型ショールームに案内し、中古住宅をリフォームした空間を実際に見て、触れて、感じてもらいました。仕上がりの美しさに夫は「新築と変わりませんね」と感心し新しく建てる注文住宅だけが選択肢ではないことに気づいたのです。

さらに、リフォームの施工面積に応じて価格が決まる「定額制リノベーション」を提案され、パック商品とはいいながら自由度が高く、追加したり、減らしたり、カスタムメイドできると聞き、納得して契約することにしました。

Kさんのように注文住宅を建てたいと思っても、希望エリアで土地が出てこない、予算が合わないケースはよくあります。そんな人が新築の注文住宅から中古住宅＋リフォームへと発想を転換し、満足して暮らしている事実を説明し、理解を得られました。

Kさんは結果的に築25年、土地70坪の中古戸建てを購入し、約1200万円かけてリフォームをしました。物件価格を安く抑えることができた分、リフォームに費用を充てられたと同時に、外構工事にもこだわることができ、「注文住宅のような立派なファサードになりました」と夫も大満足の仕上がりになりました。

さらに、室内の設備も一般的な建売住宅の仕様よりもグレードの高い設備を入れることができ、間取りもひと工夫して、「家事をラクにこなせる家に住みたい」という妻の希望もかなえることができました。引渡し後、「注文住宅以外の新しい選択肢を提案してもらえたことで検討する幅が広がり、総合的に満足できるマイホームを買うことができました」とKさんは喜んでいます。

⑤「バリアフリー化するには注文住宅しかない」は大間違い リフォーム済みの中古戸建てをさらにリノベーション

Mさん家族は夫婦と大学生の長女と障がいのある10歳の次女、１歳の長男、それに２匹の犬と一緒に暮らしています。今住んでいる賃貸は大手ビルダーの一般的な４ＬＤＫの建売住宅です。普段は共働きの忙しい合間を縫って、次女を自宅から車で30分かけて児童福祉施設に送り迎えをしたり、幼い長男を自転車に乗せて保育園に送り届けたりと、毎日大忙しの生活を送っています。

新しい家に住み替えたいと思ったきっかけは、３人の子どもたちの成長に伴い、家自体が狭く感じてきたことと、部屋数が少なくて家族それぞれのプライバシーを保てないこと、そして、次女が通う児童福祉施設が遠方にあるため、送迎だけでかなりの時間を取られていることなどが挙げられます。また、当時住んでいた建売住宅がバリアフリー化されていないため、次女が歩行器を使って自由に歩き回ることができないことも大きな要因でした。さらに、住宅ローン以外にも光熱費などの固定費が高くて家計を圧迫していたことも夫婦のストレスになっていました。

夫婦からの要望は、①次女が歩行器でリハビリができる部屋がリビングの横に欲しい②畳職人の夫が自宅でも仕事ができるスペースが欲しい③家族全員の部屋が1部屋ずつ欲しい④今よりも児童福祉施設に近い場所がいい⑤設計の自由度が高い注文住宅を建てたいと盛りだくさんの内容でした。

夫婦はネット広告で見た不動産会社に行き、まず現状のライフスタイルを説明したうえで、できれば注文住宅を建てたいと相談しました。担当した営業スタッフは、確かに注文住宅なら次女がリハビリできるような間取りやバリアフリー化をかなえることができるけれど、その分建築費用が膨らみ、住宅ローンの負担が重くなることを説明しました。何を最優先したいのか、それは新築でないとかなえられないのか、優先順位を明確にすることからすり合わせをしていきました。

夫婦と何度も打ち合わせを重ね、ヒアリングをもとに不動産会社が提案したのは中古物件に大幅なリフォームを加えることで間取りを全面的に変え、室内をバリアフリー化するというプランでした。さらに、オール電化に変えて、太陽光発電と蓄電池を搭載し、初期費用も住宅ローンに組み込んで、毎月の固定費を抑えるように提案しました。これにより、光熱費を削減できるのはもちろん、地震や災害で停電しても、普段どおりの電気を使える生活ができるメリットもあります。
Mさんは、リフォーム済みで販売している中古物件を購入し、プラスしてバリアフリー化や自宅での作業場を確保するなど、ライフスタイルに沿ったリフォーム工事を進めていきました。

児童福祉施設に近いエリア内で購入してリフォームした中古物件は、夫婦の考えていた予算よりも500万円ほど融資金額が上がったものの、ライフラインなどを含めた毎月の総支払固定費用を2~3万円ほど浮かせることに成功しました。住宅ローンの支払額を下げる資金繰りのみを考えていましたが、住宅ローン以外の支出にも目を向け、何一つ我慢しない生活を求めた結果、毎月かかるライフラインの出費をほぼ水道代のみで賄えるほどに抑えることができました。

夫は自宅で畳の仕事ができるようになり、妻も子どもたちを迎えに行く時間を気にせず、安心して仕事に取り組めるようになりました。先々の生活を見据え、ライフスタイルをイメージしながら物件探しとリフォームの打ち合わせを同時にできたことで、新しい生活が始まっても不便なく、スムーズに移行することができたと喜んでいます。

注文住宅でないとかなえられないという思い込みから、住み替え自体を諦めるしかないと思っていたMさんは、最終的に要望した以上の快適な暮らしが実現し、夫婦も子どもたちも全員満足しているそうです。

⑥築60年、老朽化が進む実家を次世代に残したい……
自分で住むのではなく第三者に譲るという選択肢も

今はもう誰も住んでいない実家は築60年が経過し、夏は暑くて冬は寒く、雨漏りもするので建て替えたいとEさんはひそかに思っていました。しかし、家を建てた祖父母の愛着と、子どもの頃に一緒に過ごした思い出があるので、簡単に壊すのは忍びなかったのです。そこで、リノベーションして住もうと見積りを取ると新築と変わらないほどのコスト、つまり2000万円以上かかると言われたそうです。

建て替えるべきか、リノベーションするべきか……散々悩んだ挙句、前からネット広告で気になっていた不動産会社に相談してみることにしたEさんは、営業スタッフから二つの方法を提案されました。

一つ目は施工面積の大きさで価格が決まる「定額リノベーション」というパック商品を使ってコストを抑える方法です。築60年の家の場合、耐震補強も含め、基本的には柱と梁だけを残してすべてを取り替える必要があります。内装のフルリノベーションをパック商品で対応することで内装工事の9割を網羅することができます。

パック商品の内容は、①内装デザインの好きなテイストを選ぶ②選んだテイストに合わせて床、建具、アクセントクロスを選ぶ③キッチン、システムバス、洗面化粧台、トイレなどの設備を選ぶ④50種類以上からオプションを選ぶことができます。また、床やクロス、設備など交換しなくてもいい場所や設備を選択して定額から減額ができるというレスオプションを選ぶこともできます。建築のプロが厳選した豊富なデザインや機能の商品のなかから自由に組み合わせることが可能で、定額パックなので予算オーバーする心配もありません。

プラスαで、屋根、外壁および雨漏りの修繕をします。また、断熱性能に関しては、残りの予算と相談しながら、高性能グラスウールまたは吹き付け発泡ウレタンといった断熱材を充てんするパターンと、インプラス（内窓）を設置して窓から熱が逃げるのを抑えるようにする方法があります。普段からよく使用する部屋はその両方によって年中快適に過ごせるようになります。物置のように、収納をメインで使用するような部屋は、断熱やインプラスをしないというように、用途に合わせてリノベーションすることでコストを抑えられる提案をしました。

二つ目は、建物をリノベーションして住んでくれる別の人を探す方法です。その不動産会社は不動産とリノベーションのどちらもやっていることで知られ、中古物件を探す人とリノベーションを希望する人がたくさん来店するのです。

思い入れがある建物を自分で使用することができるなら、それが最も望ましいのですが、予算などの兼ね合いで難しい場合もあります。そんなときは、第三者に有効に使ってもらうよう、売却のサポートもその会社でできます。リフォーム専門会社はもちろん、そのような提案はしないのが当たり前なので、リフォーム費用が高いというだけで、すぐ断念して終わってしまうはずです。しかし、その不動産会社は、不動産事業をメインにしているので、リノベーションをして住んでくれる人をピンポイントで探すことができるのです。居住用に限らず、古民家風のカフェやレストラン、美容室や陶芸教室などを開きたい人やセカンドハウスを探している人にもフォーカスして売却の手伝いをすることができます。

このような2本立てで、祖父母の愛着と思い出が詰まった家を残せる提案をしたところ、家を購入してリノベーションしたいという人がすぐに見つかり、スムーズに売却することができました。

不動産の売却には法律や税金なども関わってきますが、不動産と建築のプロである会社をパートナーに選んだことで、安心して進めることができたようです。結果的にEさんは祖父母の家を手放すことにはなりましたが、壊すことなく、住み継いでくれる人が見つかって喜んでいます。

理想のマイホームを手に入れるために

家族の事情によって、理想とする住まいはそれぞれ異なります。間取り、環境、デザイン、予算など何を重視するかは人によって異なるのです。せっかく手に入れるマイホームですから、妥協はしたくありません。

しかし、初めから自分の希望に沿うような理想のマイホームが予算内で見つかるわけではありません。実際にマイホーム探しを始めてみると、予算の制約やエリアの制約、家族との要望やタイミングのズレなど、思うようにいかないものです。

そんなとき、仕方がないと妥協してしまったり、悩んでいる間に購入するタイミングを逸して住宅迷子になってしまったりすることはとても残念なことだと私は思います。

そのなかでも、理想の生活を実現するマイホームを手に入れるには、目の前にある物件や言葉どおりの要望だけでなく、自分自身の優先順位を整理し、それに基づきほかにどういう方法があるのか、自分では思いつかないような提案をしてくれる信頼できるパートナーを選ぶことが一番の近道なのだと私は思います。

おわりに

本書を最後まで読んでいただき、ありがとうございました。文章をまとめて一冊の本にするのは37年の人生で初めての体験でしたが、文章で人に想いを伝えるということが、これほど難しくて大変なこととは知りませんでした。その一方で、本の出版がこれほどやりがいのあるコンテンツであることも初めて知りました。

私が本を出してみたいと思ったのは、私たちの店舗に足を運んでくださるお客さまのなかで間違ったマイホームの選び方をしている人があまりにも多いと感じたからです。

すっかりＩＴ化が進んだ今の時代、私たちはＳＮＳやインターネットでなんでも簡単にすばやく情報を入手できます。不動産やマイホーム選びも例外ではありません。それなのに、なぜ今紙の本なのか？　といえば、家が人生最大の高価な買い物であり、簡単に買い替えることができないからこそ、ＳＮＳで得た情報のセカンドオピニオンとして皆さんに正しい情報を知っておいてほしいと思ったからです。事実、書籍全体の売上が年々減少するなか、住宅・不動産に関する書籍だけは毎年一定の売上をキープしているそうで、それだけ多くの人がマイホーム選びに不安と関心をもっている証拠だと思います。

私たちは、不動産会社でありながら、不動産の仲介にとどまらず、新築の注文住宅・分譲住宅、中古の住宅・マンション、リフォーム、リノベーション、売却まですべて自社内で行っています。自社にリフォーム専門の部署がある不動産会社は全国でも珍しいはずです。私たちの強みは物件の取扱い数の多さもさることながら、不動産の仲介・売買とリフォームを自社で同時にできることです。このしなやかな提案力とスピード感こそが多くのお客さまに支持されている理由だと自負しています。

そしてそれは、私の会社のサービスとして最初からあったものではありません。一人ひとりのお客さまと向き合ってきたからこそ、本当に必要なサービスは何かを真剣に考え、今日まで一つひとつのサービスを丁寧に作り上げてくることができたのだと思います。

お客さま一人ひとりの不安や悩み、そして喜び――そんなたくさんの思いを感じてきたからこそ、もっともっとお客さまに寄り添い希望を実現していくことが私たちプロの使命だと思っています。

この本のなかで何度も触れたように、新築の注文住宅を建てることだけがマイホームではありません。もちろん注文住宅がベストな選択肢であれば注文住宅もお勧めしますし、実際にそれがベストなお客さまにもたくさんお会いしてきました。しかし、エリアなのか、デザインなのか、性能なのか、コストなのか……マイホーム選びの優先順位は人それぞれ違います。購入する条件が厳しい場合は希望エリアを広げたり、注文住宅から建売住宅にシフトしたり、中古物件にプラスしてリフォーム、リノベーションを進めることで、理想のライフスタイルを無理なくかなえることができます。そんな選択肢をたくさんもっている不動産会社をマイホーム選びのパートナーにすると、より豊かな人生を送ることができると、私は信じています。

２０２３年12月

株式会社 不動産ＳＨＯＰナカジツ

取締役社長　樗澤和樹

【著者プロフィール】
樗澤和樹（ぶなざわ かずき）
株式会社不動産SHOPナカジツ取締役社長
2009年、株式会社不動産SHOPナカジツに入社し、新人賞を受賞。2011年、お客さまのことを考えた丁寧な接客が評価され、全社MVP受賞。支店長・執行役員を経て、2016年、29歳で取締役に就任。早くから管理職や経営者としての経験を積むことで、自身の経験だけではなくスタッフが対応する多くのお客さまの住宅・不動産に対する喜びや悩みを体感する。2020年、33歳で取締役社長に就任。「どんな時代も大切な仲間をHappyにする強くてやさしい世界一の“カイシャ”を創る」という経営理念のもと、すべてのステークホルダーに幸せとワクワクが届けられる企業創りを目指し、組織体制の構築だけでなく商品開発にも取り組んでいる。

本書についての
ご意見・ご感想はコチラ

ライフスタイルから考える
理想のマイホーム選び

2023年12月22日　第1刷発行

著　者　　樽澤和樹
発行人　　久保田貴幸

発行元　　株式会社 幻冬舎メディアコンサルティング
〒151-0051　東京都渋谷区千駄ヶ谷4-9-7
電話　03-5411-6440（編集）

発売元　　株式会社 幻冬舎
〒151-0051　東京都渋谷区千駄ヶ谷4-9-7
電話　03-5411-6222（営業）

印刷・製本　中央精版印刷株式会社
装　丁　　立石 愛
装　画　　Saki Kojima

検印廃止

Printed in Japan
ISBN 978-4-344-94736-8 C0052
幻冬舎メディアコンサルティングＨＰ
https://www.gentosha-mc.com/